Gertraud Heisler
Denise Müller

Grammatik zum Anfassen
Die vier Fälle

Überlege dir Fragen zu den Tieren.
Es geht um etwas, was das Tier tut oder kann.

Beispiel:
Wer bellt laut im Garten?
Wer ist stets aufmerksam?

Mit dem Detektivheft
handlungsorientiert
unterrichten – 3./4. Klasse

Auer Verlag

Gedruckt auf umweltbewusst gefertigtem, chlorfrei gebleichtem
und alterungsbeständigem Papier.

2. Auflage 2013
Nach den seit 2006 amtlich gültigen Regelungen der Rechtschreibung
© Auer Verlag
AAP Lehrerfachverlage GmbH, Donauwörth
Illustrationen: Denise Müller
Satz: krauß-verlagsservice, Augsburg
Druck und Bindung: Aubele Druck GmbH, Kempten
ISBN 978-3-403-**06579**-1

www.auer-verlag.de

Inhalt

1   Vorwort 4

2   Die vier Fälle des Namenwortes (Sachanalyse) 5

3   **Erarbeitung des 1. Falles/Nominativ** 7
> Bildkarten 9
> Kopiervorlagen Satzstreifen 10

4   **Selbstständige Übungsphase zum 1. Fall/Nominativ** 13
> Arbeitsblatt 15
> Arbeitsanweisungen für die Schülerhand 16
> Kopiervorlagen Satzstreifen 18
> Lupenkarten 22

5   **Erarbeitung der weiteren Fälle des Namenwortes** 23
> Arbeitsblatt 25
> Tipps zum Arbeitsblatt 26
> Bildkarten zur Tafelanschrift 27

6   **Das Detektivbüchlein** 28
> Kopiervorlagen 29

7   **Sicherung der vier Fälle** 51
> Arbeitsblätter 53
> Tierrätselkartei 57

8   **Spiele** 64
> Legequartett – Lustige Tiere 65
> Hühnerhof-Domino 76
> Tierchen-Lotto 78

9   **Lösungen** 84

1. Vorwort

Das Werk „Grammatik zum Anfassen" ist aus dem täglichen Unterricht entstanden und als eine schnelle Ergänzung und Hilfe für den Lehrplanbereich „Sprache untersuchen" gedacht. Ziel ist es, den Schülern Übungsmaterial an die Hand zu geben, mit dem sie Sprache selbstständig und handlungsorientiert erforschen können und mit dessen Hilfe sie das Zutrauen erlangen, den oft so schwierig und abstrakt erscheinenden grammatischen Begriffen gewachsen zu sein.

Zu den einzelnen Bereichen gibt es einführende Erläuterungen, die dem Lehrer[1] auf den Grundschulbereich zurechtgelegt helfen sollen, die grammatischen Hintergründe zu klären. Auf detaillierte Stundenschemata wurde bewusst verzichtet. Stattdessen finden sich zu den Kapiteln offene Erarbeitungsvorschläge, um den unterschiedlichen Klassensituationen sowie Lehrerpersönlichkeiten gerecht zu werden und die Möglichkeit einer offenen Unterrichtsgestaltung zu bieten. Da die Technik des „Erfragens" die eigentlich schwierige Aufgabe beim Lösen der vier Fälle darstellt, macht es für uns keinen Sinn, die Schüler immer wieder in endlosen Übungen die gleiche Frage stellen zu lassen, um die Fälle einzeln kennenzulernen. Stattdessen sollen sie zum eigenständigen Denken hingeführt werden, indem sie schon sehr bald unterschiedliche Fragen stellen und beantworten. Deshalb werden nach dem Nominativ, mit dem die Technik des Erfragens eingeführt wurde, alle weiteren Fälle gleichzeitig im Detektivbüchlein behandelt.

Besonders wichtig waren uns schnell einsetzbare, übersichtliche Kopiervorlagen für das verwendete Material (siehe Detektivbüchlein).

Der Bereich der vier Fälle des Namenwortes wurde bewusst von der Satzgliedarbeit getrennt. Zwar helfen die eingeübten Fragen zu den Namenwörtern den Schülern, die Satzergänzungen (Objekte) sicher zu benennen, doch muss klar bleiben, dass hier nur Wörter und keine ganzen Satzglieder bestimmt werden. Die Namenwörter lassen sich von den Schülern leicht im Satz finden, da sie innerhalb des Satzes durch die Großschreibung hervorgehoben sind.

In diesem Buch befinden sich verschiedene Übungen und Spiele zu den Fällen, die sowohl im Unterricht als auch in der Freiarbeit ihren Einsatz finden können. Dadurch kann das Thema „Die vier Fälle des Namenwortes" auch über einen längeren Zeitraum präsent im Klassenzimmer verbleiben. Die einzelnen Übungen und Spiele sind rund um das Thema Tiere auf dem Bauernhof gestaltet. Somit erkennen die Schüler selbstständig den Zusammenhang zwischen den Übungseinheiten.

Als einfachster Fall wird als Erstes der Nominativ eingeführt, um den Schülern Sicherheit und Selbstvertrauen beim Erfragen zu vermitteln. Damit geht die eigentlich schwierige Arbeit aber erst los. Das Suchen und Fragen nach den vier Fällen des Namenwortes wird durch den Detektiv Schnüffler, der auf den Bauernhof kommt, verbildlicht. Die Ergebnisse seiner „Recherchen" werden von den Kindern im Detektivbüchlein festgehalten. Bei der Erarbeitung der vier Fälle bietet die Detektivarbeit und das Zusammenfassen der Ergebnisse im eigenen Detektivbüchlein eine große Motivation. Viele kleine, in sich unabhängige Einheiten beziehen sich auf diese Idee, können aber auch einzeln eingesetzt werden.

---

[1] Wenn in diesem Werk von dem Lehrer oder dem Schüler gesprochen wird, sind natürlich gleichermaßen auch die Lehrerin und die Schülerin gemeint.

2. Die vier Fälle des Namenwortes (Sachanalyse)

Wer oder was? Wessen? Wem? Wen oder was?

> **„Die deutsche Sprache kennt zwar nur vier Fälle,
> dafür aber über tausend Zweifelsfälle."**[2]

Der grammatische Begriff Kasus ist aus dem Lateinischen entlehnt (lat. *casus; casus*) und bedeutet auf Deutsch Vorkommnis, Vorfall oder Beugungsfall.

Gebeugt bzw. dekliniert (lat. *declinare* = abändern) werden können Nomen/Substantive, Pronomen und auch Artikel oder Adjektive, wenn sie sich mit (Pro-)Nomen zu einer Nominalgruppe bzw. -phrase zusammenstellen.

Beispiele:
Hund: der Hund – des Hundes – dem Hund – den Hund
bissiger Hund: der bissige Hund – des bissigen Hundes – dem bissigen Hund – den bissigen Hund

Die grammatischen Fälle haben die Aufgabe, Beziehungen der Wörter zueinander und verschiedene Satzglieder innerhalb des Satzes kenntlich zu machen. Ein Satz, der ohne die Satzglieder zu beugen, geäußert wird, lässt sich nur schwer oder gar nicht verstehen.

Beispiel:
Der Lehrer das Kind geben die Tochter unsere Nachbarin eine schlechte Note.

Durch die Anwendung der Fälle wird der Satz klar und strukturiert. Die einzelnen Nomen bekommen ihre Rolle im Satz oder zueinander zugewiesen:

Nominativ + Genitiv	Prädikat	Dativ + Genitiv	Akkusativ
Der Lehrer des Kindes	gab	der Tochter unserer Nachbarin	eine schlechte Note.

Innerhalb eines Satzes sind die Nomen von anderen Wörtern abhängig und durch den Kasus wird die syntaktische Rolle des Nomens bzw. Substantivs im Satz kenntlich gemacht.
Nomen werden hauptsächlich von Verben regiert, die darüber bestimmen, ob sie die Rolle eines Subjekts oder eines Objekts einnehmen.

Auch Präpositionen oder prädikative Adjektive weisen den Nomen ihre Rolle im Satz zu. Diese Wortarten haben das Recht zu bestimmen, in welcher Beziehung die (Pro-)Nomen oder Nominalgruppen zueinander stehen und welchem Fall sie sich beugen müssen.

Beispiel:
über ⇒ Nomen im 3. Fall: *über **dem Tisch**, über **den Wolken***

Die deutsche Sprache unterscheidet vier Fälle:

> 1. Nominativ (von lat. *nominare* = benennen) = Wer-Fall
> 2. Genitiv (von lat. *genetivus* = angeboren) = Wessen-Fall
> 3. Dativ (von lat. *dare* = geben) = Wem-Fall
> 4. Akkusativ (von lat. *accusare* = anklagen) = Wen-Fall

---

[2] Sick, Bastian: Der Dativ ist dem Genitiv sein Tod, Verlag Kiepenheuer & Witsch, Köln, Hamburg, 2004

Der Nominativ

Der Nominativ hebt das Subjekt hervor. Das Subjekt kann jedoch nicht alleine stehen und ist von einem Prädikat abhängig, das durch ein Verb ausgedrückt wird. Subjekt und Verb bilden zusammen eine Einheit und zeigen Genus (maskulin, feminin, neutral) und Numerus (Singular, Plural) an. Es kann bereits aus Subjekt und Prädikat ein sinnvoller Satz entstehen.

Beispiel: ***Die Katze*** *schnurrt.*

Der Genitiv

Das Genitivattribut (= Beifügung) in einer Nominalphrase macht nähere Angaben zu dem Subjekt, beschreibt es oder ordnet es zu.

Beispiel: *Der Knochen **des Hundes** war riesig.*

Manchmal verlangt ein Verb, dass das Nomen im Genitiv stehen muss, um als Objekt eine Ergänzung vorzunehmen (z. B. sich eines Besseren belehren lassen, bezichtigen …).

Beispiel: *Man bezichtigte ihn **des Diebstahls**.*

Der Genitiv zeigt außerdem Besitz und Zugehörigkeit an. Hierbei wird er, besonders im mündlichen Sprachgebrauch, häufig durch alternative Konstruktionen ersetzt.

Denn bei Eigennamen, die im Nominativ auf einen s-Laut ausgehen, verschmilzt die Genitivendung damit. Der Gebrauch des Genitivs wird hierbei oft als undeutlich empfunden, besonders da man in gesprochener Sprache den Apostroph nicht hört.

Man verwendet daher oft die Ersatzkonstruktion mit „von".[3]

Beispiele:
*Das ist das Körbchen **unseres Katers**.*
(Nomen + **Nomen** [Genitivattribut]/W-Frage = Wessen?)
*Das ist **Schnurrys** Körbchen.*
(**Name** [Genitivattribut] + Nomen/W-Frage = Wessen?)
*Das Körbchen ist **von meinem Kater**.*
(Nomen + **von** + **Nomen** [Dativ]/W-Frage = Von wem?)

Der Dativ

Der Dativ ist der Kasus des Objekts, auf den die Handlung des Subjekts bezogen ist, quasi ein Teilnehmer der Handlung, der oft in irgendeiner Beziehung zum Subjekt steht.

Beispiel: *Der Bauer gab **dem Schaf** eine Hand voll Heu.*

Der Akkusativ

Der Akkusativ ist der Kasus desjenigen Objekts, das von der Handlung unmittelbar betroffen oder aber der Gegenstand der Handlung ist.

Beispiel: *Marlene rief **den Hund** zu sich.*

---

[3] Duden: Die Grammatik, Dudenverlag, Mannheim 2005

3. Erarbeitung des 1. Falles/Nominativ

Das Namenwort im 1. Fall wird durch die Frage „Wer oder was …?" bestimmt.
Im Gegensatz zur Satzgliedarbeit wird aber nur nach dem Namenwort und nicht nach dem ganzen Satzglied (Satzgegenstand/Subjekt) gesucht.

Beispiel: *Die schlauen Kinder lösen das Rätsel.*
> Wer löst das Rätsel?
>> die Kinder (= Namenwort im 1. Fall)
>> die schlauen Kinder (= Satzgegenstand)

Voraussetzung bei dieser Arbeit ist also das sichere Erkennen von Namenwörtern/Nomen, das normalerweise durch die Groß- und Kleinschreibung erleichtert wird.

Die Frage „Wer oder was?" ist eindeutig und in der Regel für die Schüler leicht zu beantworten. Etwas schwieriger wird es, wenn das Namenwort durch ein Fürwort (Pronomen) ersetzt wird oder nicht am Satzanfang steht.

Beispiel: *Problemlos lösen **sie** die Rätsel.*

Einstieg

Der Einstieg kann durch ein Bild und mehrere Satzstreifen erfolgen. Dazu die Bildkarten (S. 9) kopieren und die Satzstreifen (S. 10–12) auf A3 vergrößern.

Beispiel:

Der Hund _____ .		Der Hund _____ .

Wiederholung der Beweise für Namenwörter [4]
1. *Hund* ist ein Name für ein Haustier.
2. Artikel: der Hund, ein Hund
3. Einzahl/Mehrzahl: der Hund, die Hunde

Die Schüler ergänzen die Sätze auf den Streifen.

Beispiele:
Der Hund bellt. Der Hund hat ein weiches Fell. Der Hund sitzt auf der Wiese.

Provokation: Der Lehrer knickt die Anfänge der Streifen nach hinten um. Somit ergibt sich die zentrale Frage „Wer?". Die Schüler können nun Fragen stellen (Wer bellt? Wer hat ein weiches Fell? Wer sitzt auf der Wiese?). Dann fügt der Lehrer noch weitere (umgeknickte) Streifen zum Schaf und zur Katze hinzu. Dadurch wird der 1. Fall (Nominativ) in den drei Genera Maskulinum, Femininum, Neutrum erarbeitet.

---

[4] Für die genaue Formulierung der Beweise sollte auf das verwendete Sprachbuch, z.B. das Auer Sprachbuch, zurückgegriffen werden.

Erarbeitungsphase

Die Schüler merken, dass nicht alle Sätze auf den Streifen zum Hund passen.

> Frage: Wer oder was?

Die Bilder von Schaf und Katze (siehe S. 9) werden bei entsprechender Frage und Antwort dazugelegt.

Die Schüler stellen fest: Es geht nicht nur um den Hund. Um die Streifen dem entsprechenden Tier zuordnen zu können, muss ich nach dem umgeknickten Teil des Streifens fragen.

> Die Frage-Wortkarte „Wer oder was?" (siehe S. 12) wird aufgelegt.

Die Schüler ordnen die übrigen Satzstreifen aus Kopiervorlage Satzstreifen 1 und 2 (S. 10 f.) zu und fragen dabei nach den Tieren.

> Sprechreihe: „Wer oder was?" + Antwort in ganzen Sätzen
>> Antwort aufklappen. Jeweils ein Kind trägt das richtige Tier ein.

Beispiel: *Wer oder was frisst einen Knochen?*
<u>*Der Hund*</u> *frisst einen Knochen.*

Sicherung

Die Sicherung erfolgt durch Hinzufügen der folgenden (umgeknickten) Streifen (Kopiervorlage Satzstreifen 3, S. 12) (vgl. Erklärung oben), die Anlass bieten, vorhandenes Wissen noch einmal genau zu verbalisieren:

a) Er sitzt auf der Wiese.
Sie schläft auf dem Sofa.
Es steht auf der Weide.
> *Namenwörter (Nomen) können durch Fürwörter (Pronomen) ersetzt werden.*

b) Der Bauer pfeift ein fröhliches Lied.
Die Mistgabel steckt im Misthaufen.
> *Namenwörter sind nicht immer nur Tiere.[5]*
> *Namenwörter sind Namen für Lebewesen und Dinge oder für Gefühle, Stimmungen und Ereignisse (abstrakte Namenwörter).*

c) Hinter dem Hoftor wacht der Hund.
> *Das gesuchte Namenwort steht nicht immer am Satzanfang.*

d) Die Hunde bellen.
Die Hunde bewachen das Haus.
Die Katzen schnurren.
Die Katzen können gut klettern.
Die Schafe blöken.
Die Schafe fressen am liebsten Gras.
> ***Vorsicht:*** *Die Frage stellt man mit dem Tunwort in der Einzahl!*
> *Beispiel: Wer bellt?*
> *Klar – man weiß erst bei der Antwort, ob es einer oder mehrere sind!*

---

[5] Für die genaue Formulierung der Definition sollte auf das verwendete Sprachbuch, z. B. das Auer Sprachbuch, zurückgegriffen werden.

Bildkarten

Gertraud Heisler/Denise Müller: Grammatik zum Anfassen – Die vier Fälle
© Auer Verlag – AAP Lehrerfachverlage GmbH, Donauwörth

Kopiervorlage Satzstreifen 1

Der Hund _____ .

Der Hund _____ .

Die Katze _____ .

Die Katze _____ .

Das Schaf _____ .

Das Schaf _____ .

_____ bellt.

_____ bewacht das Haus.

_____ ist braun.

_____ wedelt erfreut mit dem Schwanz.

_____ frisst einen Knochen.

_____ folgt seinem Herrchen.

Gertraud Heisler/Denise Müller: Grammatik zum Anfassen – Die vier Fälle
© Auer Verlag – AAP Lehrerfachverlage GmbH, Donauwörth

Kopiervorlage Satzstreifen 2

_____ schnurrt.

_____ kann gut klettern.

_____ putzt sich mit der Zunge.

_____ ist getigert.

_____ frisst gerne Mäuse.

_____ spielt mit einem Wollknäuel.

_____ blökt.

_____ frisst am liebsten Gras.

_____ hat ein Fell so weich wie Wolle.

_____ ist weiß.

_____ läuft mit seiner Herde.

_____ gibt Milch.

Gertraud Heisler/Denise Müller: Grammatik zum Anfassen – Die vier Fälle
© Auer Verlag – AAP Lehrerfachverlage GmbH, Donauwörth

Kopiervorlage Satzstreifen 3

Der Bauer pfeift ein fröhliches Lied.	Wer oder was?

Die Mistgabel steckt im Misthaufen.	Wer oder was?

Hinter dem Hoftor wacht der Hund.	Wer oder was?

Es steht auf der Weide.	Wer oder was?

Er sitzt auf der Wiese.	Wer oder was?

Sie schläft auf dem Sofa.	Wer oder was?

Die Hunde bellen.	Wer oder was?

Die Hunde bewachen das Haus.	Wer oder was?

Die Katzen schnurren.	Wer oder was?

Die Katzen können gut klettern.	Wer oder was?

Die Schafe blöken.	Wer oder was?

Die Schafe fressen am liebsten Gras.	Wer oder was?

Gertraud Heisler/Denise Müller: Grammatik zum Anfassen – Die vier Fälle
© Auer Verlag – AAP Lehrerfachverlage GmbH, Donauwörth

4. Selbstständige Übungsphase zum 1. Fall/Nominativ

Um ein selbstständiges Üben mit dem ersten Fall in Gang zu bringen, bietet sich die Arbeit mit den hier vorgestellten Materialien an.

Zum Arbeitsblatt: Ein Tag auf dem Bauernhof

Mit dem Arbeitsblatt (S. 15) wird die Frage „Wer oder was?" auf eine lustige Weise trainiert. Spielerisch lösen die Schüler das kleine Rätsel und führen mit eigenen Ideen in Aufgabe 3 die Suche nach dem Nominativ fort (Lösung, s. S. 86). Ein motivierender Abschluss zu dieser Einheit ist mithilfe des Liedes „Trat ich heute vor die Türe" (Text: C. Süßmann, Musik: H. Lemmermann; © Fidula) möglich, das die Grundidee des Arbeitsblattes wiederaufgreift. Die Kinder haben sicherlich viele weitere Ideen dazu, welches Tier welches Geräusch machen kann!

Zu den Satzstreifen

Die Arbeitsanweisung (S. 16) sollte kurz besprochen werden und als Plakat an der Tafel zur Verfügung stehen, damit sich unsichere Schüler immer wieder vergewissern können, was zu tun ist. Der Abschlusssatz kann nach der Übung gemeinsam als Merkhilfe ergänzt werden. Evtl. kann auch mit einzelnen Schüler(gruppen) ein gemeinsames Beispiel bearbeitet werden.

Die Schüler erhalten einen laminierten Satzstreifen und eine „Wer oder was?"-Karte und arbeiten in ihrem Tempo. Es empfiehlt sich, eine Ablage oder einen Karteikasten (vgl. Arbeitsanweisung S. 17) aufzustellen, zu der die Kinder den jeweils fertig bearbeiteten Satzstreifen wieder zurückbringen. Hier wird dann auch der nächste Satzstreifen herausgenommen. Dadurch können alle Schüler beliebig viele Sätze bearbeiten.

Beispiel für eine Karteikarte:

Vorderseite:

Rückseite:

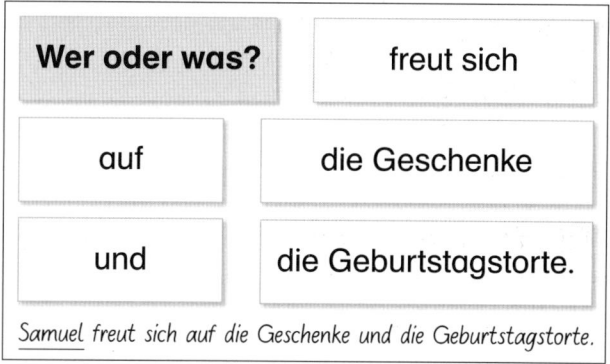

Nicht alle Schüler müssen alle Streifen bearbeiten. Es stehen viele Streifen zur Verfügung, um im Schwierigkeitsgrad oder aber auch in der Übungsmenge differenzieren zu können:
1. Kopiervorlage (S. 18): Das Namenwort steht immer am Satzanfang.
2. Kopiervorlage (S. 19): Das Namenwort steht nicht am Satzanfang.
3. Kopiervorlage (S. 20): Verwendung von Pronomen.
4. Kopiervorlage (S. 21): Der Nominativ in der Mehrzahl (Plural).

Die Schüler sollen auf keinen Fall die auf den Blättern angegebene Reihenfolge „durcharbeiten". Die Sätze sind nur für den Lehrer geordnet aufgelistet, um schnell für den jeweiligen Schüler individuelle Übungseinheiten zusammenstellen zu können.

Tipp: Die einzelnen Seiten können auch auf verschiedenfarbiges Papier kopiert werden, um die vier Gruppen deutlich zu unterscheiden.

❭ Arbeitsauftrag: *Bearbeite von jeder Farbe mindestens einen Streifen.*

Die kleinen Satzstreifen und Fragekärtchen können immer wieder zum Einsatz kommen. So arbeiten die Schüler auch später in der Freien Arbeit. Für die Kopiervorlagen Satzstreifen (S. 18 ff.) sind entsprechende Lösungen vorhanden (S. 84 f.). Diese sollten aber erst nach Einführung der weiteren Fälle eingesetzt werden, wenn sich die Schüler an das Erfragen gewöhnt haben.

Möglichkeit zur Selbstkontrolle: Die Satzstreifen können wie eine Klammerkarte benutzt werden. An der Stelle des Nominativs wird auf der Rückseite ein farbiger Punkt angebracht.

Zu den Lupenkärtchen

Auf den Lupenkärtchen (S. 22) finden sich die vier Fragen zu den vier Fällen auf einen Blick. Außerdem werden die Satzstreifen auch bei der Erarbeitung der anderen Fälle des Namenwortes wieder eingesetzt. Es wird dann das „Wer oder was?"-Kärtchen durch das „Lupen"-Kärtchen ersetzt. Jeder Schüler bekommt eine Lupe für die Arbeit mit den Satzstreifen. Hält ein Schüler ein Namenwort mit diesem Kärtchen zu, kann er durch sein Sprachgefühl im Satzfluss die entsprechende Frage „herauslesen". So bleibt der Sinn des Satzes erhalten und das Kind findet den entsprechenden Fall.

Die Selbstkontrolle erfolgt durch Klammern. Dazu werden auf der Rückseite die vier Fälle entweder farbig markiert oder mit den Ziffern 1–4 versehen. Die Schüler stecken vorne die entsprechende Klammer fest und kontrollieren durch Umdrehen des Streifens die Lösung.

Tipp: Das Schülermaterial kann auch für die Satzgliedarbeit verwendet werden. Voraussetzung ist hier das sichere Erkennen der Satzgliedgrenzen.

Gertraud Heisler/Denise Müller: Grammatik zum Anfassen – Die vier Fälle
© Auer Verlag – AAP Lehrerfachverlage GmbH, Donauwörth

Ein Tag auf dem Bauernhof

Timmi besucht seinen Freund Leon auf dem Bauernhof.
Leon erzählt:

Schon morgens früh um sieben Uhr kräht Alex auf dem Mist.
Von dem Geschrei werden Netti und Lori auf der Stange wach.
Sie gackern ganz aufgeregt. Bald schon wird Luis das Futter
bringen. Ganz besonders eifrig legt Lori noch schnell ein Ei.
Doch, oh Schreck! Benno bellt wild! Das Ei ist genau auf
seiner Hütte gelandet. Karli liegt faul in der Morgensonne und
schnurrt. Auch Erna und Dora auf der Weide haben von dem
Lärm nichts mitbekommen.

1. Timmi kennt die Tiere von Leons Bauernhof noch
   nicht beim Namen. Er fragt nach: „Wer kräht auf dem Mist?"
   Unterstreiche die Antwort im Text und beschrifte
   die Tiere am Rand des Arbeitsblattes mit ihren Namen.

2. Erzähle vom Bauernhof. Ersetze dabei die Namen
   durch die Tiere. Denke auch an den Begleiter!

3. Leon macht sich einen Spaß mit Timmi. Er behauptet:
   „Für mich ist Alex der Bauer."
   Vertausche auch die anderen Tiernamen.
   Erzählt euch nun Leons Geschichte:

Ein völlig verrückter Tag auf dem Bauernhof
Schon morgens früh um sieben Uhr kräht der Bauer
auf dem Mist.

Gertraud Heisler/Denise Müller: Grammatik zum Anfassen – Die vier Fälle
© Auer Verlag – AAP Lehrerfachverlage GmbH, Donauwörth

Arbeitsanweisung Satzstreifen

(selbstständige Erarbeitung)

So arbeitest du mit den Satzstreifen:

- Unterstreiche auf deinem Satzstreifen alle Namenwörter (Nomen) und alle Fürwörter (Pronomen).
- Setze nacheinander die „Wer oder was?"-Karte auf <u>alle</u> Nomen und Pronomen.
- Wann entsteht die „richtige" Frage?
- Schreibe die richtige Frage und dann die vollständige Antwort in dein Heft.
- Unterstreiche …
  - in der Frage das Fragewort.
  - im Antwortsatz das Namenwort (Nomen) oder Fürwort (Pronomen), das dir die Antwort gibt.

Prima, du kennst dich schon gut mit Namenwörtern aus.

*Du hast den **1. Fall** gelöst!*

*Er heißt **Nominativ** und antwortet auf die Frage: _____*

Gertraud Heisler/Denise Müller: Grammatik zum Anfassen – Die vier Fälle
© Auer Verlag – AAP Lehrerfachverlage GmbH, Donauwörth

Arbeitsanweisung Satzstreifen

(Erstellen einer Klassenkartei)

So arbeitest du mit den Satzstreifen:

- Unterstreiche auf deinem Satzstreifen alle Namenwörter (Nomen) und alle Fürwörter (Pronomen).

- Setze nacheinander die „Wer oder was?"-Karte auf alle Nomen und Pronomen.

- Wann entsteht die „richtige" Frage?

> Gehe zu deiner Lehrerin,
> nenne deine Frage
> und du bekommst eine Karteikarte
> zum Weiterarbeiten.

- Schreibe den Satz fehlerfrei vorn auf die Karte.

- Schreibe die Frage und eine vollständig formulierte Antwort auf die Rückseite.

- Unterstreiche in der Antwort das Nomen im 1. Fall grau (Bleistift).

Gertraud Heisler/Denise Müller: Grammatik zum Anfassen – Die vier Fälle
© Auer Verlag – AAP Lehrerfachverlage GmbH, Donauwörth

Kopiervorlage Satzstreifen – Namenwort am Satzanfang

Samuel	freut sich	auf	die Geschenke	und	die Geburtstagstorte.
Lara	bastelt	mit	ihrer Oma	wunderschöne	Weihnachtssterne.
Der Lehrer	vergaß	gestern	seine Brille	bei	Frau Müller.
Unsere Tante	isst	gerne	Schweinebraten	mit	Sauerkraut.
Mein Opa	mag	meine Oma	am liebsten.		
Mein Schulranzen	gefällt	Klaus	besser als	Lisas.	
Das Buch	meiner Lehrerin	enthält	viele Bilder	und	Geschichten.

| Wer oder was? | Wer oder was? | Wer oder was? | Wer oder was? | Wer oder was? | Wer oder was? | Wer oder was? |

Gertraud Heister/Denise Müller: Grammatik zum Anfassen – Die vier Fälle
© Auer Verlag – AAP Lehrerfachverlage GmbH, Donauwörth

Gertraud Heisler/Denise Müller: Grammatik zum Anfassen – Die vier Fälle
© Auer Verlag – AAP Lehrerfachverlage GmbH, Donauwörth

Kopiervorlage Satzstreifen – Namenwort nicht am Satzanfang

Nachts liest Florian heimlich ein Buch.

Auf seinem Bauernhof hält mein Onkel Kühe und Schweine.

Morgen feiert Sophie ihren Geburtstag.

Mit dem Schlitten kommt der Weihnachtsmann auf die Erde.

Ihrer Omi schreibt Anna eine Weihnachtskarte mit einem Rentier.

Manchmal gibt Frau Meier den Kindern Schokolade.

Nach der Schule ruft Simon Vincent mit dem Handy an.

Wer oder was?	Wer oder was?	Wer oder was?	Wer oder was?	Wer oder was?	Wer oder was?

Kopiervorlage Satzstreifen – Verwendung von Pronomen

Er	spielt	nachmittags	mit	den Jungen	Fußball.	
Ich	hüpfe	mit	meinen Freunden	auf	dem Trampolin.	
Du	wirfst	doch	sicher	keine Schneebälle	auf	andere Kinder!
Mit	diesem Füller	bekommst	du	blaue	Finger.	
Die Vögel	hörte	sie	morgens	singen.		
Bei	Sonnenschein	darf	ich	mit	meinen Freunden	toben.
Oft	denke	ich	an	Carolins	Bruder.	

| Wer oder was? | Wer oder was? | Wer oder was? | Wer oder was? | Wer oder was? | Wer oder was? | Wer oder was? |

Gertraud Heisler/Denise Müller: Grammatik zum Anfassen – Die vier Fälle
© Auer Verlag – AAP Lehrerfachverlage GmbH, Donauwörth

Gertraud Heisler/Denise Müller: Grammatik zum Anfassen – Die vier Fälle
© Auer Verlag – AAP Lehrerfachverlage GmbH, Donauwörth

Kopiervorlage Satzstreifen – Der Nominativ in der Mehrzahl (Plural)

Die Großeltern	besuchen	mich	und	meine Schwester	häufig.	
Bei	Bauer Huber	fressen	die Kühe	nur	gesundes	Bioheu.
Mit	ihren Schlitten	rasen	die Kinder	den Hang	hinunter.	
Wir	lachen	über	Leons	Witze.		
Sie	gehen	heute	mit	den Nachbarn und Freunden	Eis	essen.
Mit	der Freundin	unserer Lehrerin	lernten	wir	schöne	Lieder.
Gestern	fuhren	sie	der Grenze	Italiens	entgegen.	

| Wer oder was? | Wer oder was? | Wer oder was? | Wer oder was? | Wer oder was? | Wer oder was? | Wer oder was? |

Lupenkarten

Lupe 1:
1. Wer oder was?
2. Wessen?
3. Wem?
4. Wen oder was?

Vier Fälle des Namenwortes

Lupe 2:
1. Wer oder was?
2. Wessen?
3. Wem?
4. Wen oder was?

Vier Fälle des Namenwortes

Lupe 3:
1. Wer oder was?
2. Wessen?
3. Wem?
4. Wen oder was?

Vier Fälle des Namenwortes

Lupe 4:
1. Wer oder was?
2. Wessen?
3. Wem?
4. Wen oder was?

Vier Fälle des Namenwortes

Lupe 5:
1. Wer oder was?
2. Wessen?
3. Wem?
4. Wen oder was?

Vier Fälle des Namenwortes

Lupe 6:
1. Wer oder was?
2. Wessen?
3. Wem?
4. Wen oder was?

Vier Fälle des Namenwortes

Lupe 7:
1. Wer oder was?
2. Wessen?
3. Wem?
4. Wen oder was?

Vier Fälle des Namenwortes

Lupe 8:
1. Wer oder was?
2. Wessen?
3. Wem?
4. Wen oder was?

Vier Fälle des Namenwortes

Lupe 9:
1. Wer oder was?
2. Wessen?
3. Wem?
4. Wen oder was?

Vier Fälle des Namenwortes

Gertraud Heisler/Denise Müller: Grammatik zum Anfassen – Die vier Fälle
© Auer Verlag – AAP Lehrerfachverlage GmbH, Donauwörth

5. Erarbeitung der weiteren Fälle des Namenwortes

Innerhalb dieser Übungsphase wird der Nominativ nochmals gesichert. Gleichzeitig werden die übrigen drei Fälle (Genitiv, Dativ, Akkusativ) eingeführt. Mithilfe des Arbeitsblattes „Detektiv Schnüffler löst einen schwierigen Fall" (siehe S. 25) erarbeiten die Schüler zunächst selbstständig die vier Fälle.

Die Sicherung des ersten Falles und das Arbeitsblatt sind als Vorarbeit zum Detektivbüchlein wichtig, da die Arbeitsschritte aufeinander aufbauen.

Hinführung/Impuls

Kurze Erläuterung für die Schüler zum Einsatz des Arbeitsblattes „Detektiv Schnüffler löst einen schwierigen Fall":

> *Auf dem Bauernhof herrscht große Aufregung. Seit heute Morgen ist Hund Struppi, der Liebling des Hofes, verschwunden. Onkel Leo kommt. Er beruhigt die kleine Marlene: „Ich werde dir beim Suchen helfen. Als Detektiv Schnüffler löse ich jeden Fall. Aber zuerst musst du mir etwas über deinen Hund erzählen." Er befragt die kleine Marlene und schreibt alles auf. Unten auf dem Arbeitsblatt hat er die Hinweise gesammelt. Du sollst ihm heute dabei helfen, den kniffligen Fall zu lösen. Dabei darfst du dich auch mit deinem Partner absprechen. Alle nötigen Informationen findest du auf dem Arbeitsblatt. Solltest du dennoch Fragen haben, findest du bei mir im Detektivbüro Hilfe.*

Erarbeitung

Die Schüler arbeiten selbstständig mit dem Arbeitsblatt.
Die vier Fälle sind von den Schülern komplett gelöst, wenn sie es schaffen, alle Wörter zu sinnvollen Sätzen zusammenzufügen.

Schnelle Schüler können bereits die Sternchenaufgabe 4 lösen und helfen dann als „Spezialisten" bei der zügigen Erarbeitung des Tafelbildes.

Schwächeren Schülern können Hilfen in Form von Tipps (siehe S. 26) angeboten werden. Mithilfe der durch das Hintergrundmuster hervorgehobenen Wortkarten wird den Schülern das Bilden sinnvoller Sätze erleichtert, sodass sie sich auf das Erfragen der Fälle konzentrieren können.

Der Ball	spielen	ist bunt.	_____ Hund
mit	_____ Hund	bellt laut.	Die Kinder
_____ Hund _____	Marlene	_____ Hund.	streichelt

Sollten die Schüler große Probleme mit dem Erfragen haben, können auch noch die Artikel bereits vorgegeben werden. Diese Karten können auch als Lösung fungieren.

Der Hund	*des* Hund*es*	*dem* Hund	*den* Hund

Zwischenlösung

Nach Aufgabe 3 dient folgender Text zur Differenzierung, der auch gut als Textkarte ausgeteilt werden kann!

Wo ist Struppi?
Detektiv Schnüffler hörte ihn bellen. Er entdeckte seinen bunten
Ball am Gartenzaun. Auf der großen Wiese hinter der Scheune
sah er, wie die Nachbarskinder mit ihm spielten. Detektiv Schnüffler
rief nach Struppi und freudig rannte der Hund zurück nach Hause.
Überglücklich schloss Marlene Struppi in die Arme und streichelte
ihn. Aber nanu, was ist das? Struppi war nicht alleine! Der Hund der Nachbarskinder kuschelte
sich eng an Struppi. Die Hunde wollten mit Marlene und den Nachbarskindern weiterspielen.
Die Hunde …

> Arbeitsauftrag: *Löse nun Aufgabe 4 auf dem Arbeitsblatt.*
> Die Zwischenlösung bietet als Differenzierung für sehr schnelle Schüler folgenden Arbeitsauftrag:
> *Unterstreiche im Text die Fürwörter/Pronomen, die auf die Frage „Wer oder was?" antworten.*

Sicherung über eine Tafelanschrift (s. auch Bildkarten S. 27)

Die Schüler nennen die gefundenen Sätze, der Lehrer notiert sie zum entsprechenden Bild. Hier ist es wichtig, die Bilder in der unten gezeigten Reihenfolge aufzuhängen ⇒ die Nummerierung der vier Fälle.

> *Es geht immer um den Hund. Frage nach dem Hund.*
> (Die Sätze werden im Singular notiert.)
> *Jetzt wird es ganz knifflig: Struppi hat seinen Freund mitgebracht. Frage nach der Mehrzahl.*
> (Mehrzahlbild auf farbiges Papier kopieren; entsprechend farbig unter die Einzahl schreiben.)

Tafelbild

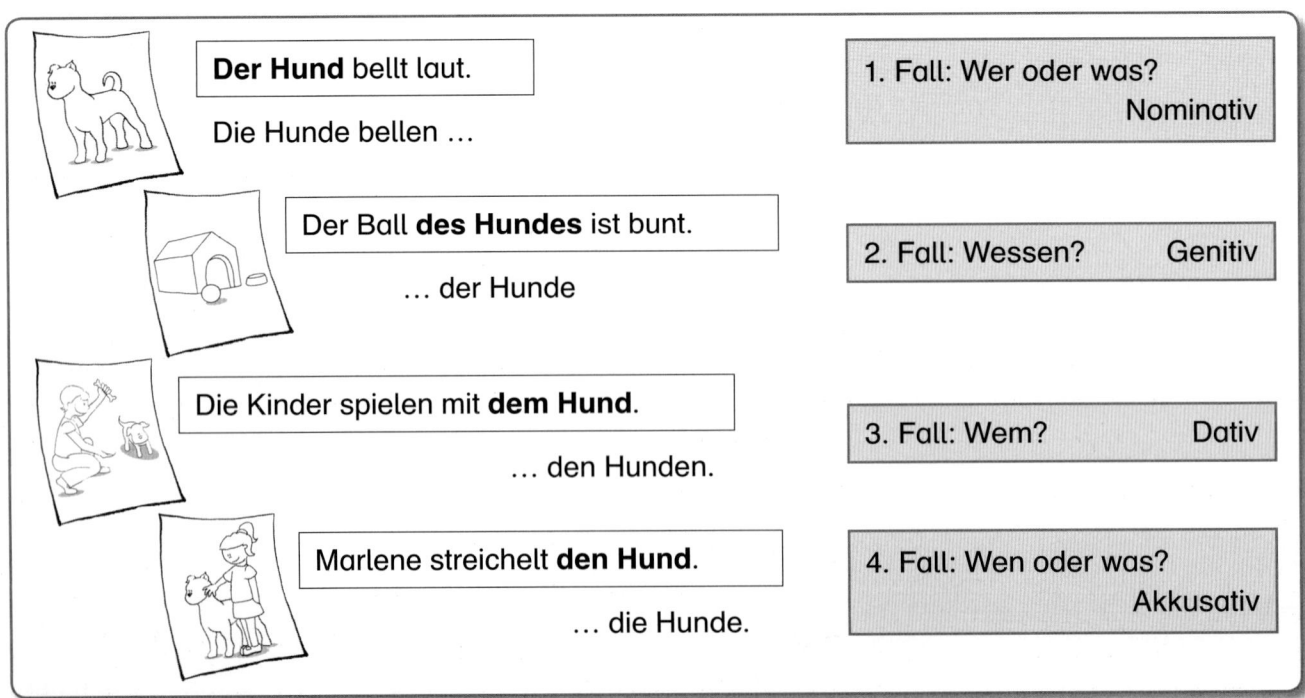

Detektiv Schnüffler löst einen schwierigen Fall

Es geht immer um den Hund!

1. Schneide die Wortkarten unten aus.

2. Bilde aus allen Wortkarten sinnvolle Sätze und klebe sie hier auf.

   Tipp: Bei den Wortkarten | _____ Hund | musst du die Lücken ergänzen.

3. Vergleiche die Sätze und schreibe auf, was du entdeckt hast.

   _____

   _____

   Hast du den Fall gelöst? Schnüffler erzählt dir im Detektivbüro, wo der Hund ist.

4. Jetzt wird es ganz knifflig! Der Hund hat noch einen Freund mitgebracht.

   Hilf bitte, auch diesen Fall zu lösen. Schreibe die Sätze aus Aufgabe 2

   hier auf – aber jetzt mit beiden Hunden.

   _____

   _____

   _____

   _____

Der Ball	spielen	ist bunt.	_____ Hund
mit	_____ Hund	bellt laut.	Die Kinder
_____ Hund _____	Marlene	_____ Hund.	streichelt

Gertraud Heisler/Denise Müller: Grammatik zum Anfassen – Die vier Fälle
© Auer Verlag – AAP Lehrerfachverlage GmbH, Donauwörth

Tipps zum Arbeitsblatt

Der Ball	spielen	ist bunt.	_____ Hund
mit	_____ Hund	bellt laut.	Die Kinder
_____ Hund _____	Marlene	[ ] Hund.	streichelt

| *Der* Hund | *des* Hund*es* | *dem* Hund | *den* Hund |

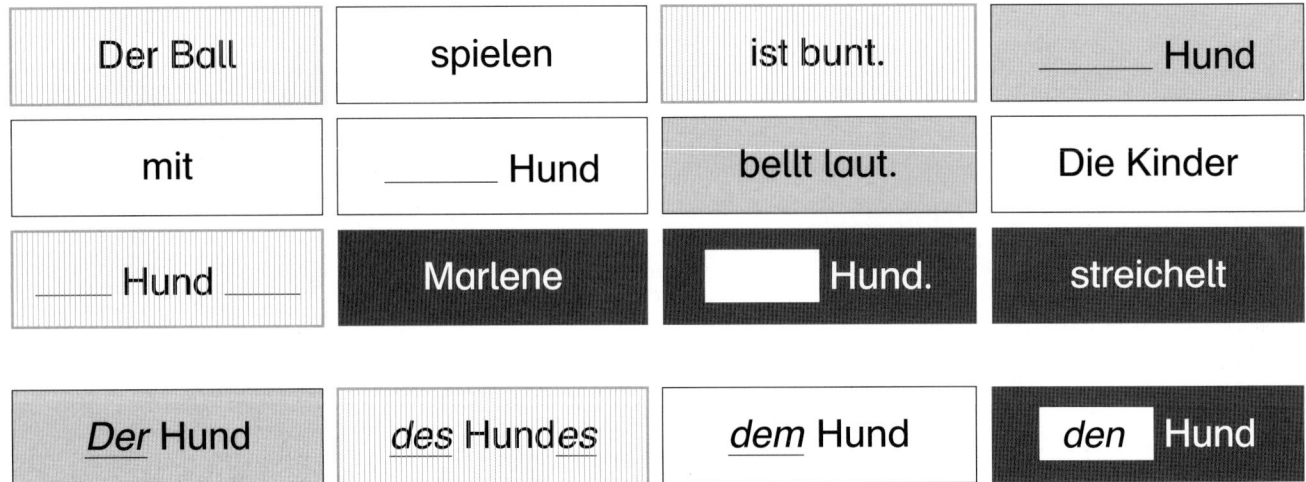

Der Ball	spielen	ist bunt.	_____ Hund
mit	_____ Hund	bellt laut.	Die Kinder
_____ Hund _____	Marlene	[ ] Hund.	streichelt

| *Der* Hund | *des* Hund*es* | *dem* Hund | *den* Hund |

Der Ball	spielen	ist bunt.	_____ Hund
mit	_____ Hund	bellt laut.	Die Kinder
_____ Hund _____	Marlene	[ ] Hund.	streichelt

| *Der* Hund | *des* Hund*es* | *dem* Hund | *den* Hund |

Gertraud Heisler/Denise Müller: Grammatik zum Anfassen – Die vier Fälle
© Auer Verlag – AAP Lehrerfachverlage GmbH, Donauwörth

Bildkarten

6. Detektivbüchlein

Jeder Schüler erhält nach der Einführung der vier Fälle (vgl. S. 23 f.) ein Detektivbüchlein.

Hinführung/Impuls

> *Du hast die Klassenprüfung als Detektiv bestanden. Als Anerkennung dafür bekommst du ein eigenes Detektivbüchlein. Dort kannst du das, was du bereits über den Hund weißt, ergänzen und die vier Fälle auch für andere Tiere und Personen herausfinden.*

Mithilfe des Büchleins „lösen" die Schüler als Detektive selbstständig die vier Fälle und festigen ihre Erkenntnisse anschließend in vielfältigen Übungsformen. Das Detektivbüchlein sichert das bereits erarbeitete Wissen und dehnt dieses auf weitere Bereiche aus (*der Hund* [Maskulinum] – *die Katze* [Femininum] – *das Schaf* [Neutrum]).

Inhalt des Detektivbüchleins

Das Detektivbüchlein besteht aus insgesamt 22 Seiten (= 22 Kopiervorlagen für vier Büchlein) und ist in zwei Abschnitte gegliedert. Alle Schüler sollten die Seiten 1–15 bearbeiten, leistungsstarke und interessierte Schüler können die erweiterte Form zur Differenzierung erhalten.

Deckblatt (siehe S. 29)

Abschnitt 1 (siehe S. 30–43)
Dieser Teil beinhaltet eine kurze Erklärung zu jedem der vier Fälle, Anregungen für entsprechende Fragen (in Einzahl und Mehrzahl) und die Möglichkeit, eigene Sätze und Fragen aufzuschreiben. Auf den Seiten „Meine Notizen zu den 4 Fällen" (siehe S. 42–43) notieren die Kinder ihre selbst gewonnenen Erkenntnisse.

Beispiele von Schülern:

> *Die 4 Fälle heißen Nominativ, Genitiv, Dativ, Akkusativ.*

> *Die Begleiter verändern sich.*

> *„Der Mutter" ist richtig, weil die Mutter im 2. Fall ist.*

> *Mir gefällt der 2. Fall am besten.*

Abschnitt 2 (siehe S. 44–50)
Dieser Teil beinhaltet eine Differenzierung für schnelle Schüler, die noch einmal die Fälle an anderen Beispielwörtern (*der Mann, die Frau, das Kind*) üben können.
Die Tabelle am Ende des Büchleins (siehe S. 50) fasst das Gelernte noch einmal auf einen Blick zusammen. Die Schüler erkennen, dass sich der Begleiter mit den verschiedenen Fällen verändert und auch die Endungen des Namenwortes manchmal verlängert werden müssen.

Herstellung des Detektivbüchleins

Die Kopiervorlagen sind so gestaltet, dass jeweils vier Detektivbüchlein aus einer Folge von 15 (bzw. 22) DIN-A4-Seiten entstehen. Die Vorlagen werden komplett kopiert, geklammert und zuletzt zugeschnitten. So entfällt mühevolle Sortierarbeit. Abschnitt 1 sollte für alle Schüler kopiert werden, Abschnitt 2 ist als Differenzierungsmaterial einzusetzen.

1

1

1

1

Gertraud Heisler/Denise Müller: Grammatik zum Anfassen – Die vier Fälle
© Auer Verlag – AAP Lehrerfachverlage GmbH, Donauwörth

1. Fall
Nominativ
Wer oder was?

Überlege dir Fragen zu den Tieren.
Es geht um etwas, was das Tier tut oder kann.

Beispiel:
Wer bellt laut im Garten?
Wer ist stets aufmerksam?

2

1. Fall
Nominativ
Wer oder was?

Überlege dir Fragen zu den Tieren.
Es geht um etwas, was das Tier tut oder kann.

Beispiel:
Wer bellt laut im Garten?
Wer ist stets aufmerksam?

2

1. Fall
Nominativ
Wer oder was?

Überlege dir Fragen zu den Tieren.
Es geht um etwas, was das Tier tut oder kann.

Beispiel:
Wer bellt laut im Garten?
Wer ist stets aufmerksam?

2

1. Fall
Nominativ
Wer oder was?

Überlege dir Fragen zu den Tieren.
Es geht um etwas, was das Tier tut oder kann.

Beispiel:
Wer bellt laut im Garten?
Wer ist stets aufmerksam?

2

Gertraud Heisler/Denise Müller: Grammatik zum Anfassen – Die vier Fälle
© Auer Verlag – AAP Lehrerfachverlage GmbH, Donauwörth

Gertraud Heisler/Denise Müller: Grammatik zum Anfassen – Die vier Fälle
© Auer Verlag – AAP Lehrerfachverlage GmbH, Donauwörth

Wer oder was? Beantworte die Fragen. (Einzahl)

Hier hast du Platz für dein eigenes Tier.

_____ _____ bellt laut im Garten.

_____

_____

_____

3

Wer oder was? Beantworte die Fragen. (Einzahl)

Hier hast du Platz für dein eigenes Tier.

_____ _____ bellt laut im Garten.

_____

_____

_____

3

Wer oder was? Beantworte die Fragen. (Einzahl)

Hier hast du Platz für dein eigenes Tier.

_____ _____ bellt laut im Garten.

_____

_____

_____

3

Wer oder was? Beantworte die Fragen. (Einzahl)

Hier hast du Platz für dein eigenes Tier.

_____ _____ bellt laut im Garten.

_____

_____

_____

3

Wer oder was? Beantworte die Fragen. (Mehrzahl)

_____ _____ bellen laut im Garten.

_____

_____

_____

Hier hast du Platz für deine eigenen Tiere!

4

Wer oder was? Beantworte die Fragen. (Mehrzahl)

_____ _____ bellen laut im Garten.

_____

_____

_____

Hier hast du Platz für deine eigenen Tiere!

4

Wer oder was? Beantworte die Fragen. (Mehrzahl)

_____ _____ bellen laut im Garten.

_____

_____

_____

Hier hast du Platz für deine eigenen Tiere!

4

Wer oder was? Beantworte die Fragen. (Mehrzahl)

_____ _____ bellen laut im Garten.

_____

_____

_____

Hier hast du Platz für deine eigenen Tiere!

4

Gertraud Heisler/Denise Müller: Grammatik zum Anfassen – Die vier Fälle
© Auer Verlag – AAP Lehrerfachverlage GmbH, Donauwörth

2. Fall
Genitiv
Wessen?

Überlege dir Fragen zu den Tieren.
Diesmal geht es um etwas, das zum Tier oder zu dessen Aussehen gehört.

Beispiele:
Wessen Fell ist weich?
Wessen Halsband ist schwarz?

5

2. Fall
Genitiv
Wessen?

Überlege dir Fragen zu den Tieren.
Diesmal geht es um etwas, das zum Tier oder zu dessen Aussehen gehört.

Beispiele:
Wessen Fell ist weich?
Wessen Halsband ist schwarz?

5

2. Fall
Genitiv
Wessen?

Überlege dir Fragen zu den Tieren.
Diesmal geht es um etwas, das zum Tier oder zu dessen Aussehen gehört.

Beispiele:
Wessen Fell ist weich?
Wessen Halsband ist schwarz?

5

2. Fall
Genitiv
Wessen?

Überlege dir Fragen zu den Tieren.
Diesmal geht es um etwas, das zum Tier oder zu dessen Aussehen gehört.

Beispiele:
Wessen Fell ist weich?
Wessen Halsband ist schwarz?

5

Wessen? Beantworte die Fragen. (Einzahl)

Der Ball _____ _____ ist bunt.

Hier hast du Platz
für dein eigenes Tier.

_____

_____

_____

6

Wessen? Beantworte die Fragen. (Einzahl)

Der Ball _____ _____ ist bunt.

Hier hast du Platz
für dein eigenes Tier.

_____

_____

_____

6

Wessen? Beantworte die Fragen. (Einzahl)

Der Ball _____ _____ ist bunt.

Hier hast du Platz
für dein eigenes Tier.

_____

_____

_____

6

Wessen? Beantworte die Fragen. (Einzahl)

Der Ball _____ _____ ist bunt.

Hier hast du Platz
für dein eigenes Tier.

_____

_____

_____

6

Gertraud Heisler/Denise Müller: Grammatik zum Anfassen – Die vier Fälle
© Auer Verlag – AAP Lehrerfachverlage GmbH, Donauwörth

Wessen? Beantworte die Fragen. (Mehrzahl)

Der Ball _____ _____ ist bunt.

_____

_____

_____

Hier hast du Platz für deine eigenen Tiere.

7

Wessen? Beantworte die Fragen. (Mehrzahl)

Der Ball _____ _____ ist bunt.

_____

_____

_____

Hier hast du Platz für deine eigenen Tiere.

7

Wessen? Beantworte die Fragen. (Mehrzahl)

Der Ball _____ _____ ist bunt.

_____

_____

_____

Hier hast du Platz für deine eigenen Tiere.

7

Wessen? Beantworte die Fragen. (Mehrzahl)

Der Ball _____ _____ ist bunt.

_____

_____

_____

Hier hast du Platz für deine eigenen Tiere.

7

Gertraud Heisler/Denise Müller: Grammatik zum Anfassen – Die vier Fälle
© Auer Verlag – AAP Lehrerfachverlage GmbH, Donauwörth

3. Fall
Dativ

Wem?

Überlege dir Fragen zu den Tieren.
Probiere dabei folgende Tunwörter aus:
geben, gehören, schmecken, zuschauen, bringen ...

Beispiele:
Wem schmeckt das Gras?
Wem werfe ich den Ball zu?

8

3. Fall
Dativ

Wem?

Überlege dir Fragen zu den Tieren.
Probiere dabei folgende Tunwörter aus:
geben, gehören, schmecken, zuschauen, bringen ...

Beispiele:
Wem schmeckt das Gras?
Wem werfe ich den Ball zu?

8

3. Fall
Dativ

Wem?

Überlege dir Fragen zu den Tieren.
Probiere dabei folgende Tunwörter aus:
geben, gehören, schmecken, zuschauen, bringen ...

Beispiele:
Wem schmeckt das Gras?
Wem werfe ich den Ball zu?

8

3. Fall
Dativ

Wem?

Überlege dir Fragen zu den Tieren.
Probiere dabei folgende Tunwörter aus:
geben, gehören, schmecken, zuschauen, bringen ...

Beispiele:
Wem schmeckt das Gras?
Wem werfe ich den Ball zu?

8

Gertraud Heister/Denise Müller: Grammatik zum Anfassen – Die vier Fälle
© Auer Verlag – AAP Lehrerfachverlage GmbH, Donauwörth

Wem? Beantworte die Fragen. (Einzahl)

Die Kinder spielen mit _____ _____.

_____

_____

_____

Hier hast du Platz für dein eigenes Tier.

9

Wem? Beantworte die Fragen. (Einzahl)

Die Kinder spielen mit _____ _____.

_____

_____

_____

Hier hast du Platz für dein eigenes Tier.

9

Wem? Beantworte die Fragen. (Einzahl)

Die Kinder spielen mit _____ _____.

_____

_____

_____

Hier hast du Platz für dein eigenes Tier.

9

Wem? Beantworte die Fragen. (Einzahl)

Die Kinder spielen mit _____ _____.

_____

_____

_____

Hier hast du Platz für dein eigenes Tier.

9

Wem? Beantworte die Fragen. (Mehrzahl)

Die Kinder spielen mit _____ _____.

_____

_____

_____

Hier hast du Platz für deine eigenen Tiere.

10

Wem? Beantworte die Fragen. (Mehrzahl)

Die Kinder spielen mit _____ _____.

_____

_____

_____

Hier hast du Platz für deine eigenen Tiere.

10

Wem? Beantworte die Fragen. (Mehrzahl)

Die Kinder spielen mit _____ _____.

_____

_____

_____

Hier hast du Platz für deine eigenen Tiere.

10

Wem? Beantworte die Fragen. (Mehrzahl)

Die Kinder spielen mit _____ _____.

_____

_____

_____

Hier hast du Platz für deine eigenen Tiere.

10

Gertraud Heisler/Denise Müller: Grammatik zum Anfassen – Die vier Fälle
© Auer Verlag – AAP Lehrerfachverlage GmbH, Donauwörth

4. Fall
Akkusativ
Wen oder was?

Überlege dir Fragen zu den Tieren.
Probiere dabei folgende Tunwörter aus:
fürchten, finden, mögen, treffen, streicheln ...

Beispiele:
Wen rufe ich zu mir?
Wen füttere ich mit Fleisch?

11

4. Fall
Akkusativ
Wen oder was?

Überlege dir Fragen zu den Tieren.
Probiere dabei folgende Tunwörter aus:
fürchten, finden, mögen, treffen, streicheln ...

Beispiele:
Wen rufe ich zu mir?
Wen füttere ich mit Fleisch?

11

4. Fall
Akkusativ
Wen oder was?

Überlege dir Fragen zu den Tieren.
Probiere dabei folgende Tunwörter aus:
fürchten, finden, mögen, treffen, streicheln ...

Beispiele:
Wen rufe ich zu mir?
Wen füttere ich mit Fleisch?

11

4. Fall
Akkusativ
Wen oder was?

Überlege dir Fragen zu den Tieren.
Probiere dabei folgende Tunwörter aus:
fürchten, finden, mögen, treffen, streicheln ...

Beispiele:
Wen rufe ich zu mir?
Wen füttere ich mit Fleisch?

11

Gertraud Heister/Denise Müller: Grammatik zum Anfassen – Die vier Fälle
© Auer Verlag – AAP Lehrerfachverlage GmbH, Donauwörth

Wen oder was? Beantworte die Fragen. (Einzahl)

Marlene streichelt _____ _____ .

_____

_____

_____

Hier hast du Platz für dein eigenes Tier.

12

Wen oder was? Beantworte die Fragen. (Einzahl)

Marlene streichelt _____ _____ .

_____

_____

_____

Hier hast du Platz für dein eigenes Tier.

12

Wen oder was? Beantworte die Fragen. (Einzahl)

Marlene streichelt _____ _____ .

_____

_____

_____

Hier hast du Platz für dein eigenes Tier.

12

Wen oder was? Beantworte die Fragen. (Einzahl)

Marlene streichelt _____ _____ .

_____

_____

_____

Hier hast du Platz für dein eigenes Tier.

12

Gertraud Heisler/Denise Müller: Grammatik zum Anfassen – Die vier Fälle
© Auer Verlag – AAP Lehrerfachverlage GmbH, Donauwörth

Wen oder was? Beantworte die Fragen. (Mehrzahl)

Marlene streichelt _____ _____.

Hier hast du Platz

_____

_____

für deine eigenen Tiere.

13

Wen oder was? Beantworte die Fragen. (Mehrzahl)

Marlene streichelt _____ _____.

_____

Hier hast du Platz

_____

_____

für deine eigenen Tiere.

13

Wen oder was? Beantworte die Fragen. (Mehrzahl)

Marlene streichelt _____ _____.

_____

Hier hast du Platz

_____

_____

für deine eigenen Tiere.

13

Wen oder was? Beantworte die Fragen. (Mehrzahl)

Marlene streichelt _____ _____.

_____

Hier hast du Platz

_____

_____

für deine eigenen Tiere.

13

Gertraud Heister/Denise Müller: Grammatik zum Anfassen – Die vier Fälle
© Auer Verlag – AAP Lehrerfachverlage GmbH, Donauwörth

Meine Notizen zu den 4 Fällen:

_____

_____

_____

_____

14

Meine Notizen zu den 4 Fällen:

_____

_____

_____

_____

14

Meine Notizen zu den 4 Fällen:

_____

_____

_____

_____

14

Meine Notizen zu den 4 Fällen:

_____

_____

_____

_____

14

Gertraud Heisler/Denise Müller: Grammatik zum Anfassen – Die vier Fälle
© Auer Verlag – AAP Lehrerfachverlage GmbH, Donauwörth

15

15

15

15

Wer war es?
Der Mann, die Frau oder das Kind?

für genial
kombinierende
Meisterdetektive

Kannst du das passende Wort mit Begleiter im entsprechenden Fall einsetzen
und so die geheimnisvollen Tabellen vervollständigen ...?

16

Wer war es?
Der Mann, die Frau oder das Kind?

für genial
kombinierende
Meisterdetektive

Kannst du das passende Wort mit Begleiter im entsprechenden Fall einsetzen
und so die geheimnisvollen Tabellen vervollständigen ...?

16

Wer war es?
Der Mann, die Frau oder das Kind?

für genial
kombinierende
Meisterdetektive

Kannst du das passende Wort mit Begleiter im entsprechenden Fall einsetzen
und so die geheimnisvollen Tabellen vervollständigen ...?

16

Wer war es?
Der Mann, die Frau oder das Kind?

für genial
kombinierende
Meisterdetektive

Kannst du das passende Wort mit Begleiter im entsprechenden Fall einsetzen
und so die geheimnisvollen Tabellen vervollständigen ...?

16

Gertraud Heisler/Denise Müller: Grammatik zum Anfassen – Die vier Fälle
© Auer Verlag – AAP Lehrerfachverlage GmbH, Donauwörth

Wer oder was? ⇨ ___. Fall / _____

_____ _____ läuft heim.

Die _____ strickt.

_____ _____ weint.

17

Wer oder was? ⇨ ___. Fall / _____

_____ _____ läuft heim.

Die _____ strickt.

_____ _____ weint.

17

Wer oder was? ⇨ ___. Fall / _____

_____ _____ läuft heim.

Die _____ strickt.

_____ _____ weint.

17

Wer oder was? ⇨ ___. Fall / _____

_____ _____ läuft heim.

Die _____ strickt.

_____ _____ weint.

17

Gertraud Heisler/Denise Müller: Grammatik zum Anfassen – Die vier Fälle
© Auer Verlag – AAP Lehrerfachverlage GmbH, Donauwörth

Wessen? ⇨ ___ . Fall / _____

Der Hut _____ Mannes.

Der Rock _____ _____.

Die Rassel _____ _____.

18

Wessen? ⇨ ___ . Fall / _____

Der Hut _____ Mannes.

Der Rock _____ _____.

Die Rassel _____ _____.

18

Wessen? ⇨ ___ . Fall / _____

Der Hut _____ Mannes.

Der Rock _____ _____.

Die Rassel _____ _____.

18

Wessen? ⇨ ___ . Fall / _____

Der Hut _____ Mannes.

Der Rock _____ _____.

Die Rassel _____ _____.

18

46

Gertraud Heisler/Denise Müller: Grammatik zum Anfassen – Die vier Fälle
© Auer Verlag – AAP Lehrerfachverlage GmbH, Donauwörth

Wem? ⇨ ___ . Fall / _____

Er hilft _____ _____ .

Er gibt _____ _____ Blumen.

Er schenkt ____ ____ einen Lolli.

19

Wem? ⇨ ___ . Fall / _____

Er hilft _____ _____ .

Er gibt _____ _____ Blumen.

Er schenkt ____ ____ einen Lolli.

19

Wem? ⇨ ___ . Fall / _____

Er hilft _____ _____ .

Er gibt _____ _____ Blumen.

Er schenkt ____ ____ einen Lolli.

19

Wem? ⇨ ___ . Fall / _____

Er hilft _____ _____ .

Er gibt _____ _____ Blumen.

Er schenkt ____ ____ einen Lolli.

19

Gertraud Heisler/Denise Müller: Grammatik zum Anfassen – Die vier Fälle
© Auer Verlag – AAP Lehrerfachverlage GmbH, Donauwörth

Wen oder was? ⇨___. Fall / _____

Sie küsst _____ _____.

Er küsst _____ _____.

Die Eltern küssen_____ _____.

20

Wen oder was? ⇨___. Fall / _____

Sie küsst _____ _____.

Er küsst _____ _____.

Die Eltern küssen_____ _____.

20

Wen oder was? ⇨___. Fall / _____

Sie küsst _____ _____.

Er küsst _____ _____.

Die Eltern küssen_____ _____.

20

Wen oder was? ⇨___. Fall / _____

Sie küsst _____ _____.

Er küsst _____ _____.

Die Eltern küssen_____ _____.

20

Gertraud Heisler/Denise Müller: Grammatik zum Anfassen – Die vier Fälle
© Auer Verlag – AAP Lehrerfachverlage GmbH, Donauwörth

	Mann	Frau	Kind
1. Fall			
2. Fall			
3. Fall			
4. Fall			

21

	Mann	Frau	Kind
1. Fall			
2. Fall			
3. Fall			
4. Fall			

21

	Mann	Frau	Kind
1. Fall			
2. Fall			
3. Fall			
4. Fall			

21

	Mann	Frau	Kind
1. Fall			
2. Fall			
3. Fall			
4. Fall			

21

Gertraud Heisler/Denise Müller: Grammatik zum Anfassen – Die vier Fälle
© Auer Verlag – AAP Lehrerfachverlage GmbH, Donauwörth

Beispielsätze helfen mir, den richtigen Begleiter zu finden.

Meine eigenen Lieblingswörter			
1. Fall			
2. Fall			
3. Fall			
4. Fall			

22

Beispielsätze helfen mir, den richtigen Begleiter zu finden.

Meine eigenen Lieblingswörter			
1. Fall			
2. Fall			
3. Fall			
4. Fall			

22

Beispielsätze helfen mir, den richtigen Begleiter zu finden.

Meine eigenen Lieblingswörter			
1. Fall			
2. Fall			
3. Fall			
4. Fall			

22

Beispielsätze helfen mir, den richtigen Begleiter zu finden.

Meine eigenen Lieblingswörter			
1. Fall			
2. Fall			
3. Fall			
4. Fall			

22

Gertraud Heisler/Denise Müller: Grammatik zum Anfassen – Die vier Fälle
© Auer Verlag – AAP Lehrerfachverlage GmbH, Donauwörth

7. Sicherung der vier Fälle

Alle hier aufgeführten Arbeitsblätter, Übungen und Spiele lassen sich je nach Bedarf im Klassenunterricht, in der Freiarbeit oder aber auch zur individuellen Förderung einsetzen.

Zu den Arbeitsblättern

Die Arbeitsblätter (S. 53–56) dienen der weiteren Übung. Sie sind nach Schwierigkeitsgrad geordnet und können voneinander unabhängig eingesetzt werden.

AB 1: Schau genau! Frage nach!
Auf diesem Arbeitsblatt (S. 53) üben die Schüler nochmals mit dem bereits bekannten Hund die vier Fälle zu bestimmen.

AB 2 + 3: Vater, Mutter, Kind gesucht
Bei diesen Arbeitsblättern (S. 54 f.) müssen die Schüler gut aufpassen, das richtige Namenwort zu finden und dessen Fall zu bestimmen.
Diese ersten beiden Arbeitsblätter können aufeinanderfolgend eingesetzt oder gleich zur Differenzierung verwendet werden.

AB 4: Sätze mit den vier Fällen bilden
Mit diesem Arbeitsblatt (S. 56) wird eingeübt, Beziehungen der Wörter untereinander im Satz mithilfe der vier Fälle herzustellen.

Zu den Arbeitsblättern sind entsprechende Lösungsseiten (S. 86 ff.) vorhanden.

Zu den Satzstreifen und Lupenkärtchen

Bei den bereits bekannten Satzstreifen (S. 18 ff.) werden die „Wer oder was?"-Kärtchen nun endgültig durch die Lupenkärtchen (S. 22) ersetzt. Die Schüler sollen ab jetzt alle Fälle der Namenwörter erfragen.

Zum Einsatz in der Freiarbeit können die Satzstreifen als Klammerkarten weitergeführt werden. Der Lehrer notiert dazu auf jeder Streifenrückseite bei allen Namenwörtern den richtigen Fall (vgl. dazu Lösungsblätter, S. 84 f.).

Die Schüler bestimmen mit Ziffernklammern (1, 2, 3 und 4) alle Namenwörter. Selbstkontrolle!

Zur Tierrätselkartei

Die Kartei besteht aus 12 bereits ausgefüllten Karten (S. 57–62) sowie zwei Blankokarten (S. 63) zum selbstständigen Ausfüllen von den Schülern. Es werden sowohl bereits bekannte und in den vier Fällen geübte Tiernamenwörter als auch neue als Bestandteil von Beispielsätzen vorgestellt. Der Karteikartensatz kann durch das Hinzufügen von Karten beliebig erweitert werden.

Nach dem Kopieren die Seiten an der senkrechten Linie nach hinten knicken und zusammenkleben. Die Karten können anschließend laminiert und so besser haltbar gemacht werden.

Erarbeitungsvorschlag zur Tierrätselkartei

Die Schüler bearbeiten die Karteikarten in Partnerarbeit.
Ein Kind zieht eine Karte, ohne sie seinem Partner zu zeigen. Dieses Kind stellt die erste Frage.
Der Partner rät das Tier und gibt einen passenden Antwortsatz (Hier muss darauf geachtet werden, dass die Schüler ganze Sätze formulieren!). Ebenso verfahren die Schüler mit den folgenden

Fragen. Erst nach der letzten Frage wird die Lösung verraten. Dadurch bleibt der Rätselcharakter erhalten und die Schüler sind motiviert, alle Fragen zu stellen und zu beantworten.

Nun wird gewechselt. Der Partner zieht die nächste Karte und darf die Fragen stellen.

Oder: Einer liest die Sätze vor, ohne das Tier dabei zu benennen. Statt dem Tier kann ein Geräusch vereinbart werden, z. B.: „Der ‚MMM' wedelt mit dem Schwanz." Der Partner fragt nach dem Tier in ganzen Fragesätzen und versucht das Tier am Ende zu erraten.

Es empfiehlt sich, eine Ablage oder einen Karteikasten aufzustellen, zu der bzw. dem die Kinder die jeweils fertig bearbeitete Karte wieder zurückbringen. Hier wird dann auch die nächste Karte gezogen. Dadurch reicht der vorhandene Kartensatz für eine normale Klassengröße.

Reflexion

> *Was hast du geübt, was weißt du bereits über die vier Fälle?*
> (An dieser Stelle können bereits die unten angeführten Tipps benannt werden. Die Tunwörter für den Dativ und den Akkusativ können auch gemeinsam auf Wortkarten oder Plakaten gesammelt werden.)

Zielangabe

> *Erweitere die Kartei, indem du dir selbst ein Tier aussuchst.*
> *Schreibe für dein Tier Fragen und die dazugehörigen Antworten auf.*

Mögliche Tipps

> Der 1. Fall (Nominativ) (nominare, lat. = benennen) sagt mir, welches Tier gerade etwas tut, zum Beispiel: *Der Hund bellt.*
> Mit dem 2. Fall (Genitiv) (genitivus, lat. = angeboren) kann ich Näheres/Genaueres über das Tier erfahren, etwas, das ganz unmittelbar mit dem Tier zu tun hat, zum Beispiel: *Das Fell des Hundes …*
> Den 3. Fall (Dativ) (dare, lat. = geben) und den 4. Fall (Akkusativ) (accusare, lat.= anklagen) finde ich, wenn ich verschiedene Tunwörter ausprobiere:
> Tunwörter für den Dativ: *geben, gehören, schmecken, zuschauen, hinstellen, …*
> Tunwörter für den Akkusativ: *fürchten, finden, mögen, treffen, streicheln, …*

SCHaU gEnAU! Frage nach!

Unterstreiche in jedem Satz das Wort Hund mit Begleiter.

Frage nach ihm und notiere dein Fragewort.

Kennst du auch schon den entsprechenden Fall?

Der Hund heißt Struppi. _____? ___. Fall

Die Hütte des Hundes ist leer. _____? ___. Fall

Der Ball des Hundes liegt hinter der Hecke. _____? ___. Fall

Der Hund rennt wild im Garten herum. _____? ___. Fall

Die Leine des Hundes ist kaputt. _____? ___. Fall

Dem Hund knurrt vom vielen Rennen schon der Magen. _____? ___. Fall

Der Mann bringt dem Hund Futter. _____? ___. Fall

Zuerst pfeift er dem Hund. _____? ___. Fall

Dann ruft er den Hund. _____? ___. Fall

Endlich kommt der Hund angerannt! _____? ___. Fall

Heute gibt es für den Hund leckeren Knochen mit Soße. _____? ___. Fall

Was für ein Glück für den Hund! _____? ___. Fall

✂ -

Hier ist Platz für deine eigenen Hunde-Sätze:

_____

_____

_____

_____

_____

Gertraud Heisler/Denise Müller: Grammatik zum Anfassen – Die vier Fälle
© Auer Verlag – AAP Lehrerfachverlage GmbH, Donauwörth

Vater, Mutter, Kind gesucht (1)

Unterstreiche in jedem Satz die Personen **Vater, Mutter** oder **Kind**.
Frage in einem ganzen Satz nach ihnen, unterstreiche das Fragewort
und notiere den Fall, in dem sie stehen.

1. Das Kind läuft heute in die Schule.

   Wer oder was läuft heute in die Schule? _____ __1.__ Fall

2. Das Auto des Vaters ist diese Woche in der Werkstatt.

   _____ ___ Fall

3. Die Mutter backt im Ofen einen leckeren Kuchen.

   _____ ___ Fall

4. Ein Kollege hat den Vater mit der Familie zum Essen eingeladen.

   _____ ___ Fall

5. Am Telefon erklärt ein Freund dem Kind die Hausaufgaben.

   _____ ___ Fall

6. Die Mutter lädt ihre Nachbarinnen am Sonntag zum Kaffeeklatsch ein.

   _____ ___ Fall

7. Die Großmutter lädt die Mutter am Mittwoch ein.

   _____ ___ Fall

8. Die Oma des Kindes ist schon 87 Jahre alt.

   _____ ___ Fall

9. Sie kocht gerne gesundes Gemüse für das Kind.

   _____ ___ Fall

10. Die Mutter kocht dem Kind oft Nudeln mit Soße.

    _____ ___ Fall

Gertraud Heisler/Denise Müller: Grammatik zum Anfassen – Die vier Fälle
© Auer Verlag – AAP Lehrerfachverlage GmbH, Donauwörth

Vater, Mutter, Kind gesucht (2)

11. Das Kind isst alles sehr gerne.

_____ ____ Fall

12. Der Bruder des Vaters heißt Rudi.

_____ ____ Fall

13. Onkel Rudi ruft den Vater meistens im Büro an.

_____ ____ Fall

14. Die Schwester der Mutter ist Tante Josefine.

_____ ____ Fall

15. Josefine mag das Kind sehr.

_____ ____ Fall

16. Deshalb geht die Tante mit dem Kind manchmal ins Kino.

_____ ____ Fall

17. Oft kommt auch die Cousine des Kindes, Sabrina, mit.

_____ ____ Fall

18. Das gefällt dem Kind immer sehr.

_____ ____ Fall

Zusatzaufgabe:

In vielen Sätzen sind weitere Namenwörter in den vier Fällen versteckt.

Wenn du sie findest, schreibe sie so in deinem Heft auf:

*In Satz 2: **das Auto** ⇒ Wer oder was? 1. Fall*

Sätze bilden mit den vier Fällen

Bilde aus den Wörtern sinnvolle Sätze. Manchmal musst du dabei die
Namenwörter verändern und Begleiter ergänzen. Überlege, in welchem Fall
nun die Namenwörter stehen. Schreibe die Antwort unter die Wörter.

Beispiel: Oma Manuel kann toll stricken

Manuels Oma kann toll stricken.

2. Fall   *1. Fall*

1. Pullover Socken Schals strickt und sie

_____

2. Schon lange Schal Manuel Farben Fußballverein wünscht sich in seines

_____

3. Oma Wolle schon hat auch gekauft

_____

4. Doch rot fehlt Knäuel Wolle

_____

5. Oma Manuel Tasche Tisch und und in auf suchen

_____

6. Vielleicht Wolle Klara Manuel Schwester hat genommen

_____

7. Da Sofa Katze Wolle Manuel sieht spielen seine unterm mit

_____

Gertraud Heisler/Denise Müller: Grammatik zum Anfassen – Die vier Fälle
© Auer Verlag – AAP Lehrerfachverlage GmbH, Donauwörth

Tierrätselkarten (1)

Gertraud Heisler/Denise Müller: Grammatik zum Anfassen – Die vier Fälle
© Auer Verlag – AAP Lehrerfachverlage GmbH, Donauwörth

Tierrätsel:
Schreibe ein Tierrätsel.
Frage dafür nach dem unterstrichenen Tier.

1. Der Hund wedelt mit dem Schwanz.
   Die Hunde wedeln mit dem Schwanz.

2. Die Schnauze des Hundes ist feucht.
   Die Schnauze der Hunde ist feucht.

3. Tom gibt dem Hund ein Stöckchen.
   Tom gibt den Hunden ein Stöckchen.

4. Das Herrchen ruft den Hund.
   Das Herrchen ruft die Hunde.

Tierrätsel:
Schreibe ein Tierrätsel.
Frage dafür nach dem unterstrichenen Tier.

1. Die Katze hat spitze Zähne.
   Die Katzen haben spitze Zähne.

2. Das Fell der Katze ist weich.
   Das Fell der Katzen ist weich.

3. Das Schälchen Wasser gehört der Katze.
   Das Schälchen Wasser gehört den Katzen.

4. Der Hund jagt die Katze.
   Der Hund jagt die Katzen.

Tierrätsel:
Beantworte die Fragen in ganzen Sätzen.

1. Fall: Wer oder was wedelt mit dem Schwanz?

2. Fall: Wessen Schnauze ist feucht?

3. Fall: Wem gibt Tom ein Stöckchen?

4. Fall: Wen oder was ruft das Herrchen?

Tierrätsel:
Beantworte die Fragen in ganzen Sätzen.

1. Fall: Wer oder was hat spitze Zähne?

2. Fall: Wessen Fell ist weich?

3. Fall: Wem gehört das Schälchen Wasser?

4. Fall: Wen oder was jagt der Hund?

Tierrätselkarten (2)

Tierrätsel:
Schreibe ein Tierrätsel.
Frage dafür nach dem unterstrichenen Tier.

1. Das Schaf lebt in einer Herde.
   Die Schafe leben in einer Herde.

2. Die Kinder des Schafes heißen „Lämmer".
   Die Kinder der Schafe heißen „Lämmer".

3. Wir verdanken dem Schaf unsere Wolle.
   Wir verdanken den Schafen unsere Wolle.

4. Der Hütehund beschützt das Schaf.
   Der Hütehund beschützt die Schafe.

Tierrätsel:
Schreibe ein Tierrätsel.
Frage dafür nach dem unterstrichenen Tier.

1. Der Hase hoppelt durch das grüne Gras.
   Die Hasen hoppeln durch das grüne Gras.

2. Die Zähne des Hasen sind lang.
   Die Zähne der Hasen sind lang.

3. Frieda schenkt dem Hasen eine Möhre.
   Frieda schenkt den Hasen eine Möhre.

4. Ella bringt den Hasen abends in den Stall.
   Ella bringt die Hasen abends in den Stall.

Tierrätsel:
Beantworte die Fragen in ganzen Sätzen.

1. **Fall:** Wer oder was lebt in einer Herde?

2. **Fall:** Wessen Kinder heißen „Lämmer"?

3. **Fall:** Wem verdanken wir unsere Wolle?

4. **Fall:** Wen oder was beschützt ein Hütehund?

Tierrätsel:
Beantworte die Fragen in ganzen Sätzen.

1. **Fall:** Wer oder was hoppelt durch das grüne Gras?

2. **Fall:** Wessen Zähne sind lang?

3. **Fall:** Wem schenkt Frieda eine Möhre?

4. **Fall:** Wen oder was bringt Ella abends in den Stall?

Gertraud Heisler/Denise Müller: Grammatik zum Anfassen – Die vier Fälle
© Auer Verlag – AAP Lehrerfachverlage GmbH, Donauwörth

Tierrätselkarten (3)

Tierrätsel:
Beantworte die Fragen in ganzen Sätzen.

1. Fall: Wer oder was gibt uns frische Milch?

2. Fall: Wessen Fell ist schwarz gefleckt?

3. Fall: Wem hängt eine Glocke um den Hals?

4. Fall: Wen oder was siehst du auf der Weide grasen?

Tierrätsel:
Schreibe ein Tierrätsel.
Frage dafür nach dem unterstrichenen Tier.

1. Die Kuh gibt uns frische Milch.
   Die Kühe geben uns frische Milch.

2. Das Fell der Kuh ist schwarz gefleckt.
   Das Fell der Kühe ist schwarz gefleckt.

3. Der Kuh hängt eine Glocke um den Hals.
   Den Kühen hängt eine Glocke um den Hals.

4. Auf der Weide siehst du die Kuh grasen.
   Auf der Weide siehst du die Kühe grasen.

Tierrätsel:
Beantworte die Fragen in ganzen Sätzen.

1. Fall: Wer oder was trägt einen Reiter auf dem Rücken?

2. Fall: Wessen Sattel hängt im Stall?

3. Fall: Wem schmeckt frischer Hafer?

4. Fall: Wen oder was spannt der Bauer vor die Kutsche?

Tierrätsel:
Schreibe ein Tierrätsel.
Frage dafür nach dem unterstrichenen Tier.

1. Das Pferd trägt einen Reiter auf dem Rücken.
   Die Pferde tragen einen Reiter auf dem Rücken.

2. Der Sattel des Pferdes hängt im Stall.
   Der Sattel der Pferde hängt im Stall.

3. Dem Pferd schmeckt frischer Hafer.
   Den Pferden schmeckt frischer Hafer.

4. Der Bauer spannt das Pferd vor die Kutsche.
   Der Bauer spannt die Pferde vor die Kutsche.

Gertraud Heisler/Denise Müller: Grammatik zum Anfassen – Die vier Fälle
© Auer Verlag – AAP Lehrerfachverlage GmbH, Donauwörth

Tierrätselkarten (4)

Tierrätsel:
Schreibe ein Tierrätsel.
Frage dafür nach dem unterstrichenen Tier.

1. Die Maus liebt Käse.
   Die Mäuse lieben Käse.

2. Das Loch der Maus ist in der Scheunenecke.
   Das Loch der Mäuse ist in der Scheunenecke.

3. Die Katze droht der Maus.
   Die Katze droht den Mäusen.

4. Die Bäuerin fürchtet die Maus.
   Die Bäuerin fürchtet die Mäuse.

Tierrätsel:
Schreibe ein Tierrätsel.
Frage dafür nach dem unterstrichenen Tier.

1. Das Schwein suhlt sich im Dreck.
   Die Schweine suhlen sich im Dreck.

2. Die Haut des Schweins ist rosa.
   Die Haut der Schweine ist rosa.

3. Dem Schwein schmeckt alles.
   Den Schweinen schmeckt alles.

4. Die Menschen halten das Schwein für einen Glücksbringer.
   Die Menschen halten die Schweine für Glücksbringer.

Tierrätsel:
Beantworte die Fragen in ganzen Sätzen.

1. **Fall:** Wer oder was liebt Käse?

2. **Fall:** Wessen Loch ist in der Scheunenecke?

3. **Fall:** Wem droht die Katze?

4. **Fall:** Wen oder was fürchtet die Bäuerin?

Tierrätsel:
Beantworte die Fragen in ganzen Sätzen.

1. **Fall:** Wer oder was suhlt sich im Dreck?

2. **Fall:** Wessen Haut ist rosa?

3. **Fall:** Wem schmeckt alles?

4. **Fall:** Wen oder was halten die Menschen für einen Glücksbringer?

Gertraud Heisler/Denise Müller: Grammatik zum Anfassen – Die vier Fälle
© Auer Verlag – AAP Lehrerfachverlage GmbH, Donauwörth

Tierrätselkarten (5)

Schreibe ein Tierrätsel.
Frage dafür nach dem unterstrichenen Tier.

1. Der Esel schreit „Iiiahhhh!".
   Die Esel schreien „Iiiahhhh!".

2. Die Ohren des Esels sind lang.
   Die Ohren der Esel sind lang.

3. Dem Esel lädt man schwere Säcke auf den Rücken.
   Den Eseln lädt man schwere Säcke auf den Rücken.

4. Den Esel halten alle für stur.
   Die Esel halten alle für stur.

Schreibe ein Tierrätsel.
Frage dafür nach dem unterstrichenen Tier.

1. Das Huhn gackert und pickt im Hof herum.
   Die Hühner gackern und picken im Hof herum.

2. Die Eier des Huhns essen wir gerne.
   Die Eier der Hühner essen wir gerne.

3. Die kleinen gelben Küken laufen dem Huhn nach.
   Die kleinen gelben Küken laufen den Hühnern nach.

4. Der Regenwurm fürchtet das Huhn.
   Der Regenwurm fürchtet die Hühner.

Tierrätsel:
Beantworte die Fragen in ganzen Sätzen.

1. Fall: Wer oder was schreit „Iiiahhhh!"?

2. Fall: Wessen Ohren sind lang?

3. Fall: Wem lädt man schwere Säcke auf den Rücken?

4. Fall: Wen oder was halten alle für stur?

Tierrätsel:
Beantworte die Fragen in ganzen Sätzen.

1. Fall: Wer oder was gackert und pickt im Hof herum?

2. Fall: Wessen Eier essen wir gerne?

3. Fall: Wem laufen die kleinen gelben Küken nach?

4. Fall: Wen oder was fürchtet der Regenwurm?

Gertraud Heisler/Denise Müller: Grammatik zum Anfassen – Die vier Fälle
© Auer Verlag – AAP Lehrerfachverlage GmbH, Donauwörth

Tierrätselkarten (6)

Tierrätsel:
Schreibe ein Tierrätsel. Frage dafür nach dem unterstrichenen Tier.

1. Der Hahn steht oben auf dem Misthaufen.
   Die Hähne stehen oben auf dem Misthaufen.

2. Der Ruf des Hahns weckt uns morgens.
   Der Ruf der Hähne weckt uns morgens.

3. Dem Hahn laufen alle Hühner nach.
   Den Hähnen laufen alle Hühner nach.

4. Die Hühner bewundern den Hahn.
   Die Hühner bewundern die Hähne.

Tierrätsel:
Beantworte die Fragen in ganzen Sätzen.

1. **Fall:** Wer oder was steht oben auf dem Misthaufen?

2. **Fall:** Wessen Ruf weckt uns morgens?

3. **Fall:** Wem laufen alle Hühner nach?

4. **Fall:** Wen oder was bewundern die Hühner?

Tierrätsel:
Schreibe ein Tierrätsel. Frage dafür nach dem unterstrichenen Tier.

1. Die Ziege meckert schon den ganzen Tag.
   Die Ziegen meckern schon den ganzen Tag.

2. Die Hörner der Ziege sind spitz.
   Die Hörner der Ziegen sind spitz.

3. Der Ziege schmeckt das Futter sehr gut.
   Den Ziegen schmeckt das Futter sehr gut.

4. Martin streichelt die Ziege im Zoo.
   Martin streichelt die Ziegen im Zoo.

Tierrätsel:
Beantworte die Fragen in ganzen Sätzen.

1. **Fall:** Wer oder was meckert schon den ganzen Tag?

2. **Fall:** Wessen Hörner sind spitz?

3. **Fall:** Wem schmeckt das Futter sehr gut?

4. **Fall:** Wen oder was streichelt Martin im Zoo?

Gertraud Heisler/Denise Müller: Grammatik zum Anfassen – Die vier Fälle
© Auer Verlag – AAP Lehrerfachverlage GmbH, Donauwörth

Tierrätselkarten (Blankokarten)

Tierrätsel:
Beantworte die Fragen in ganzen Sätzen.

1. Fall: Wer oder was _____ ?

2. Fall: Wessen _____ ?

3. Fall: Wem _____ ?

4. Fall: Wen oder was _____ ?

Schreibe ein Tierrätsel.
Frage dafür nach dem unterstrichenen Tier.

1. _____
2. _____
3. _____
4. _____

Tierrätsel:
Beantworte die Fragen in ganzen Sätzen.

1. Fall: Wer oder was _____ ?

2. Fall: Wessen _____ ?

3. Fall: Wem _____ ?

4. Fall: Wen oder was _____ ?

Schreibe ein Tierrätsel.
Frage dafür nach dem unterstrichenen Tier.

1. _____
2. _____
3. _____
4. _____

8. Spiele

Die Unterrichtseinheit „Die vier Fälle" kann nach der Arbeit mit dem Detektivbüchlein mit verschiedenen Spielen abgeschlossen werden. Alle Spiele können in der Gruppe nach den beschriebenen Regeln oder auch allein als Sortierspiel verwendet werden. Da die Regeln meist bekannten Spielen (Domino, Quartett, …) folgen, erübrigen sich lange Einführungsphasen.

Legequartett: Lustige Tiere

Die Legekärtchen (S. 67 ff.) sind nach dem Genus (*der, die, das*) der Tiere sortiert. Somit ergeben sich drei eigenständige Spiele mit gleichem Schwierigkeitsgrad. Durch die Frage finden die Schüler den richtigen Platz auf dem Spielplan für ihr Tierkärtchen. Die Tiere sind so gezeichnet, dass sich immer ein vollständiges (manchmal auch sehr lustiges) Tier ergibt, sobald alle vier Plätze auf dem Spielplan besetzt sind. Die Selbstkontrolle ist somit über das Tierbild gewährleistet.

Schwieriger wird das Spiel, sobald zwei oder auch alle drei Legequartettkarten gleichzeitig verwendet werden. Hier braucht dann jeder Mitspieler für jeden Genus (*der, die, das*) einen eigenen Spielplan, denn es passen nur immer die Tiere eines Genus zusammen.

Wird das Spiel im Klassenunterricht eingesetzt, muss der Spielplan (S. 66) für jeden Schüler einmal kopiert werden. Für jede Gruppe reicht dagegen ein Kartensatz Quartettkarten (1, 2 oder 3). Es ist empfehlenswert, den ganzen Kartensatz 1–3 einmal öfter als benötigt vorrätig zu haben. So können sehr schnelle Gruppen alle 3 Kartensätze nacheinander spielen. Dabei gilt: Wer sein Spiel fertig gespielt hat, tauscht seinen Kartensatz gegen einen neuen Kartensatz beim Lehrer ein. Natürlich ist es jederzeit möglich, das Spiel in der Freiarbeit oder zur Differenzierung einzusetzen.

Hühnerhof-Domino

Bei diesem Spiel (S. 76 f.) wird deutlich, dass sich zum einen das Nomen selbst in den vier Fällen manchmal verändert (der Hahn – des Hahn[e]s) und sich zum anderen die Begleiter eines Nomens mit dem jeweiligen Fall, in dem das Nomen steht, verändern. (Obwohl es „das Küken" heißt, kann „der Küken" (Genitiv Plural) auch richtig sein.)

Gerade für Kinder, die Deutsch nicht als Muttersprache sprechen, ist die richtige Verwendung der Begleiter oft sehr schwierig. Deswegen ist dieses Spiel als offenes Lernangebot gedacht. Die Kinder stellen beim Spiel fest, dass es viel leichter ist, das passende Nomen zu finden, sobald man es in einem Satz verwendet. Die Tabelle dient der Kontrolle, sollte aber erst dann von den Schülern eingesetzt werden, wenn sie einen eigenen Satz zu ihrem „Fall" gefunden haben. Das Hühnerhof-Domino kann auch von einem einzelnen Schüler als Legespiel bearbeitet werden.

Tierchen-Lotto

Das Tierchen-Lotto (S. 78 ff.) ist als ergänzendes Material für die Freie Arbeit oder als Material zur Einzeldifferenzierung gedacht. Es gibt 2 Spielpläne (S. 79 f.). Diese können alleine belegt werden oder von mehreren Kindern in einer Gruppenarbeit.

Die Satzkarten (S. 81 f.) kann man jeweils einem Tier zuordnen und geben das Sprachmaterial zur Fragestellung vor. Die Bildkarten auf den Kopiervorlagen dienen als Joker und erleichtern dem Lehrer die Zuordnung.

Die Wortkarten (S. 83) erweitern die Möglichkeiten der Fragestellungen und Zuordnung, da sie nur noch Hinweise vorgeben, und eignen sich somit als Differenzierungsmaterial.

Satz- und Wortkarten können auch gemischt angeboten werden.

Legequartett: Lustige Tiere
(für 2 bis 3 Mitspieler)

Anleitung:

Jeder Mitspieler bekommt einen Spielplan. Alle Kärtchen liegen gemischt und verdeckt auf einem Stapel in der Tischmitte.

Der erste Spieler zieht eine Karte und fragt mit der passenden Frage (*Wer oder was? Wessen? Wem?* oder *Wen oder was?*) nach dem entsprechenden „Tier".
Anschließend wird das Kärtchen an der richtigen Stelle auf dem Spielplan abgelegt. Nun wird immer der Reihe nach gezogen, gefragt und abgelegt.
Kannst du nicht die richtige Frage stellen, musst du dein Kärtchen unter den Stapel in der Tischmitte zurücklegen und der nächste ist dran.

Während des Spiels entstehen lustige Tiere.
Das Spiel ist zu Ende, sobald alle Karten vom Stapel aufgebraucht sind.

Wertung:

Jedes Kärtchen auf deinem Plan gibt einen Punkt.
Für jedes „vollständige" Tier (= 4 verschiedene Karten) bekommst du einen Zusatzpunkt.
Wenn alle 4 Karten zu einem „richtigen" Tier zusammenpassen, bekommst du zwei Zusatzpunkte.

Gertraud Heisler/Denise Müller: Grammatik zum Anfassen – Die vier Fälle
© Auer Verlag – AAP Lehrerfachverlage GmbH, Donauwörth

Wer oder was? 1. Fall Nominativ	**Wessen?** 2. Fall Genitiv
3. Fall Dativ **Wem?**	4. Fall Akkusativ **Wen oder was?**

Wer oder was? 1. Fall Nominativ	**Wessen?** 2. Fall Genitiv
3. Fall Dativ **Wem?**	4. Fall Akkusativ **Wen oder was?**

Gertraud Heisler/Denise Müller: Grammatik zum Anfassen – Die vier Fälle
© Auer Verlag – AAP Lehrerfachverlage GmbH, Donauwörth

Er schleicht auf samtenen Pfoten.

Tiger

Tiger

Sein Fell ist gestreift.

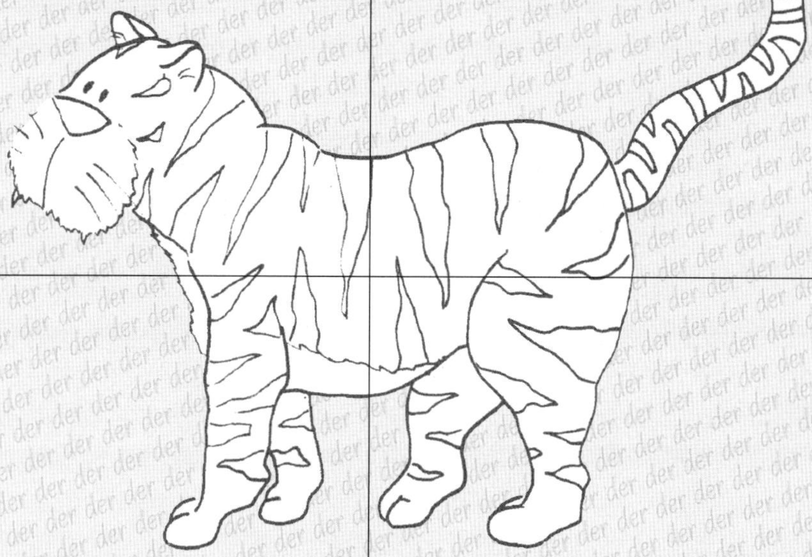

Ihm begegnet man im Dschungel.

Tiger

Tiger

Ihn solltest du nicht reizen.

Er ist der beste Freund des Menschen.

Hund

Hund

Seine Nase ist sehr fein.

Ihm vertrauen die Menschen.

Hund

Hund

Wir halten ihn oft als Beschützer.

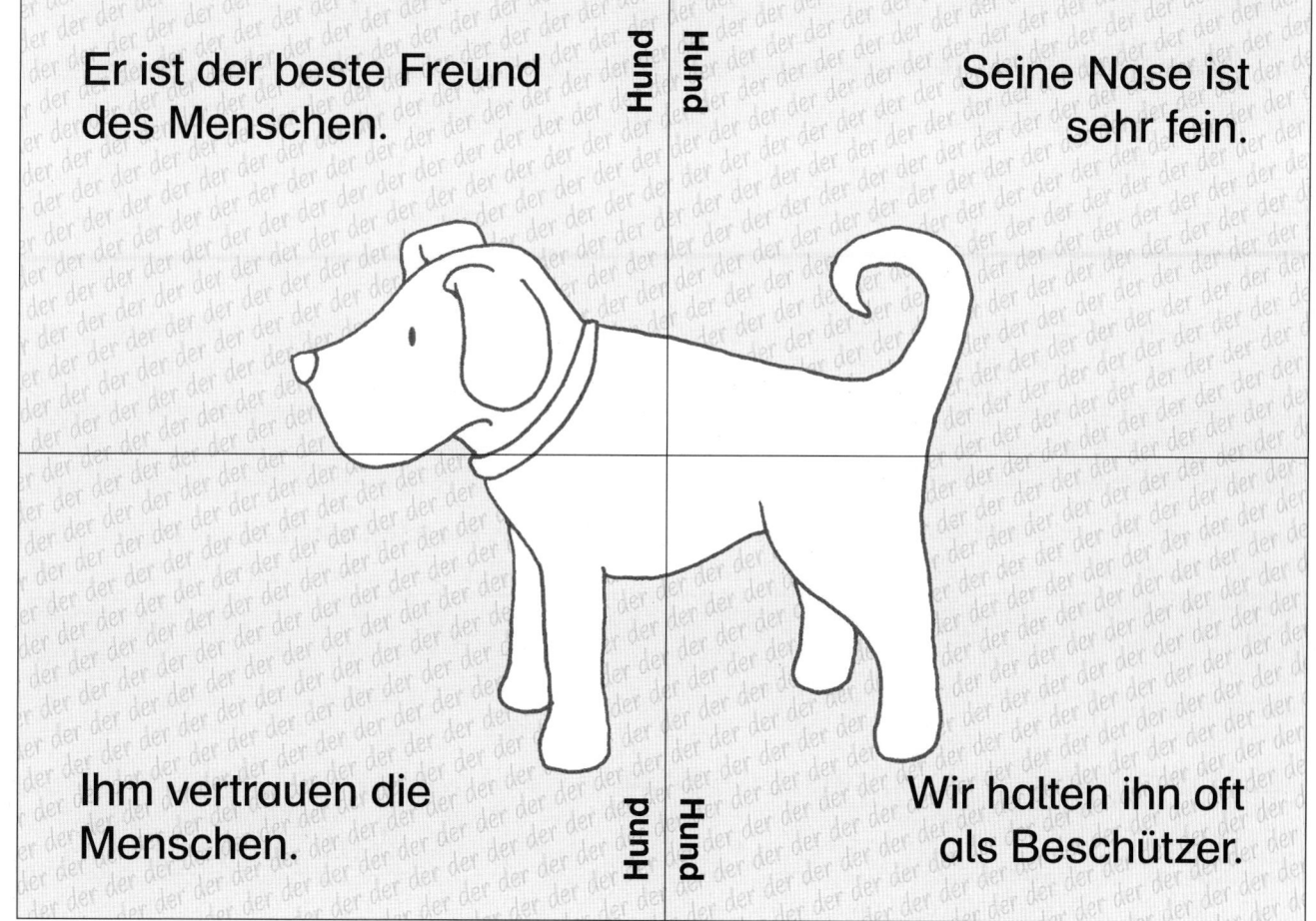

Er liebt Honig.

Bär

Bär

Sein Name ist auch „Meister Petz".

Ihm gehört ein dichter Pelz.

Bär

Bär

Ihn hört man im Wald brummen.

Er hat große Ohren.

Elefant

Elefant

Sein Popo ist grau.

Ihm schmecken auch Erdnüsse.

Elefant

Elefant

Man kann ihn meist nur im Zoo bewundern.

Gertraud Heisler/Denise Müller: Grammatik zum Anfassen – Die vier Fälle
© Auer Verlag – AAP Lehrerfachverlage GmbH, Donauwörth

Er wird oft als dumm bezeichnet.

Esel

Esel

Seine Ohren sind lang.

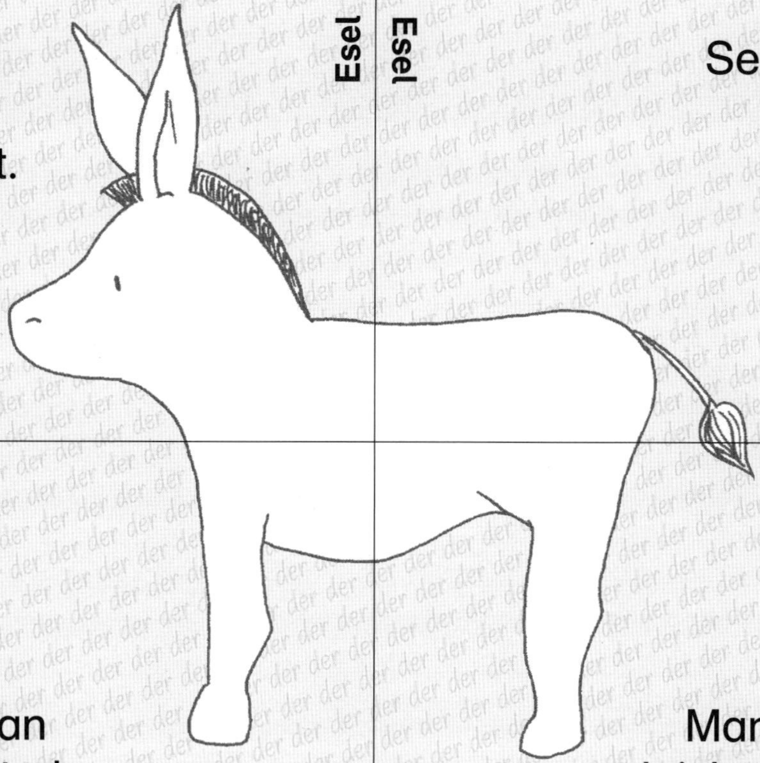

Ihm gibt man Heu und Stroh zu fressen.

Esel

Esel

Man kann ihn leicht mit einem Pferd verwechseln.

Er hat einen anstrengenden Beruf.

Lehrer

Lehrer

Seine Fragen sind leicht.

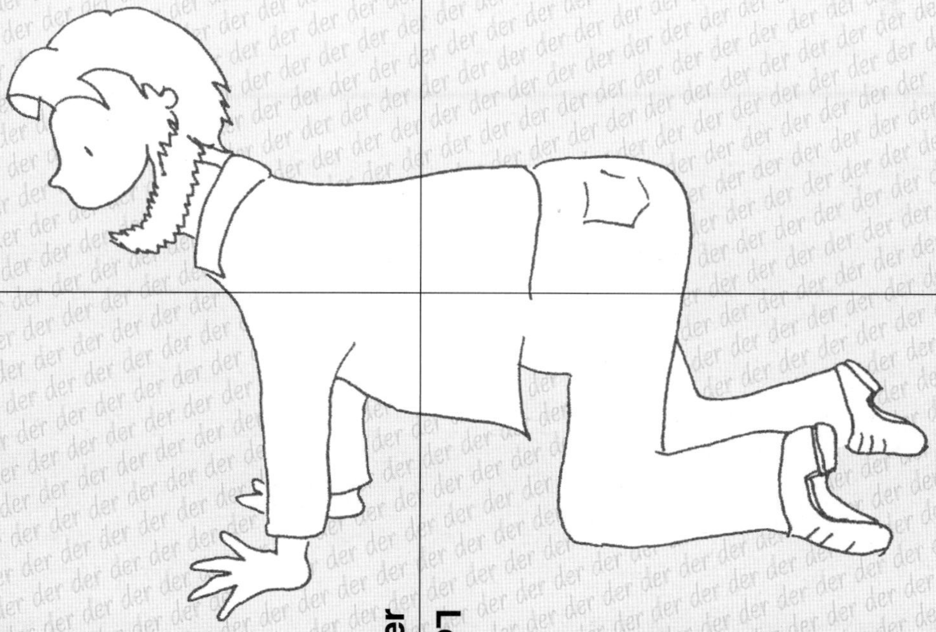

Ihm gehören zwei Beine.

Lehrer

Lehrer

Wir mögen ihn sehr.

Gertraud Heisler/Denise Müller: Grammatik zum Anfassen – Die vier Fälle
© Auer Verlag – AAP Lehrerfachverlage GmbH, Donauwörth

Sie hat einen Bart.

Ihr Gemecker kann ziemlich laut sein.

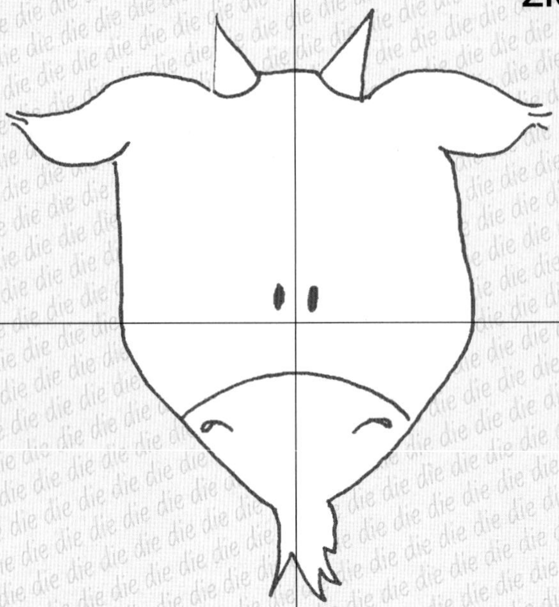

Ziege

Ziege

Ziege

Ziege

Ihr kann man auch in den Bergen begegnen.

Meistens triffst du sie in einer Herde.

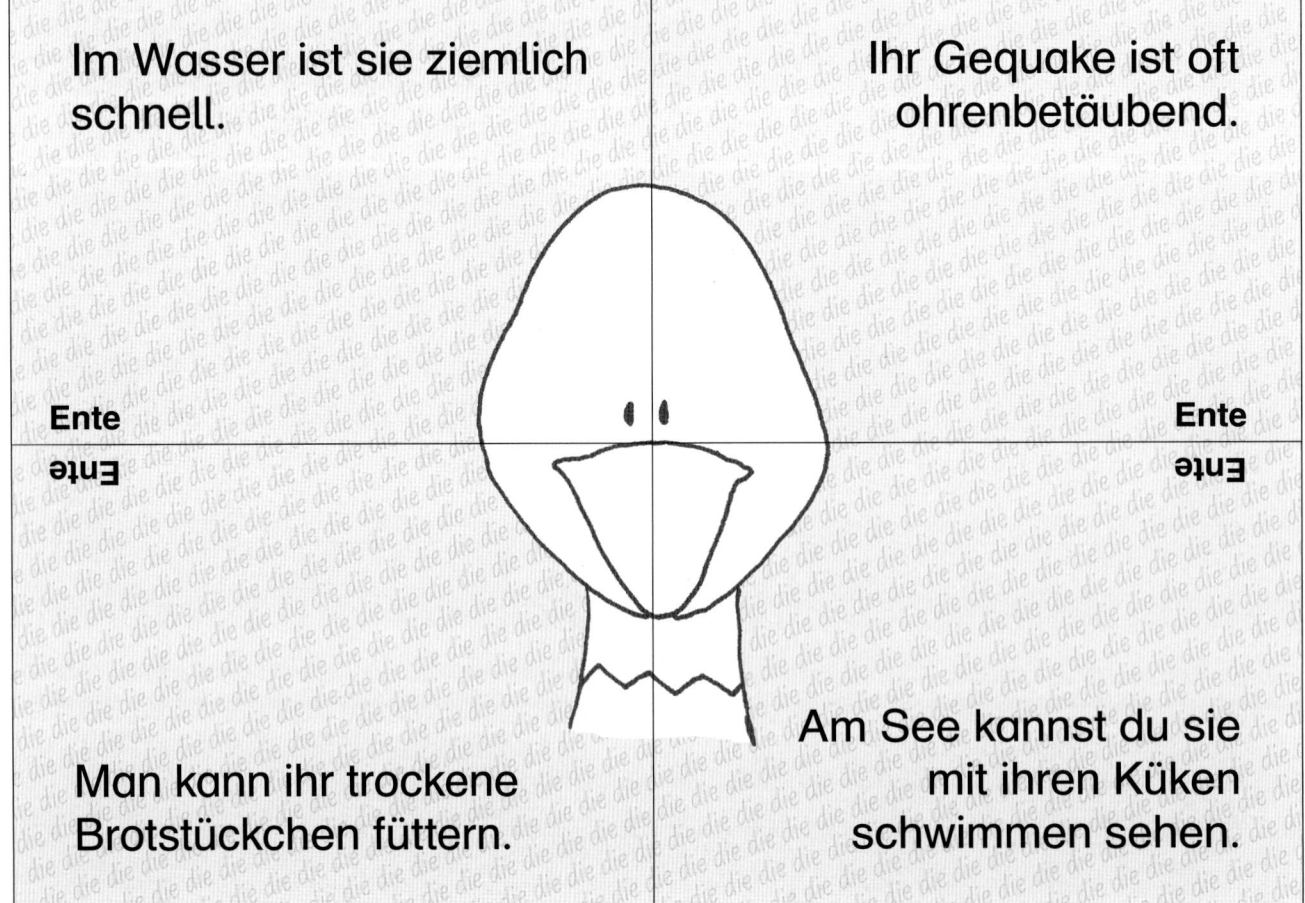

Im Wasser ist sie ziemlich schnell.

Ihr Gequake ist oft ohrenbetäubend.

Ente

Ente

Ente

Ente

Man kann ihr trockene Brotstückchen füttern.

Am See kannst du sie mit ihren Küken schwimmen sehen.

Gertraud Heisler/Denise Müller: Grammatik zum Anfassen – Die vier Fälle
© Auer Verlag – AAP Lehrerfachverlage GmbH, Donauwörth

Sie ist ziemlich klein und schnell.

Ihre Ohren sind groß.

Maus

Maus

Maus

Maus

Ihr schmeckt Käse und Speck.

Du kannst sie in der Falle fangen.

Sie hat keine Beine.

Ihr Gift kann sehr gefährlich sein.

Schlange

Schlange

Schlange

Schlange

Vor ihr haben viele Menschen Angst.

Manchmal kannst du sie in der Natur finden.

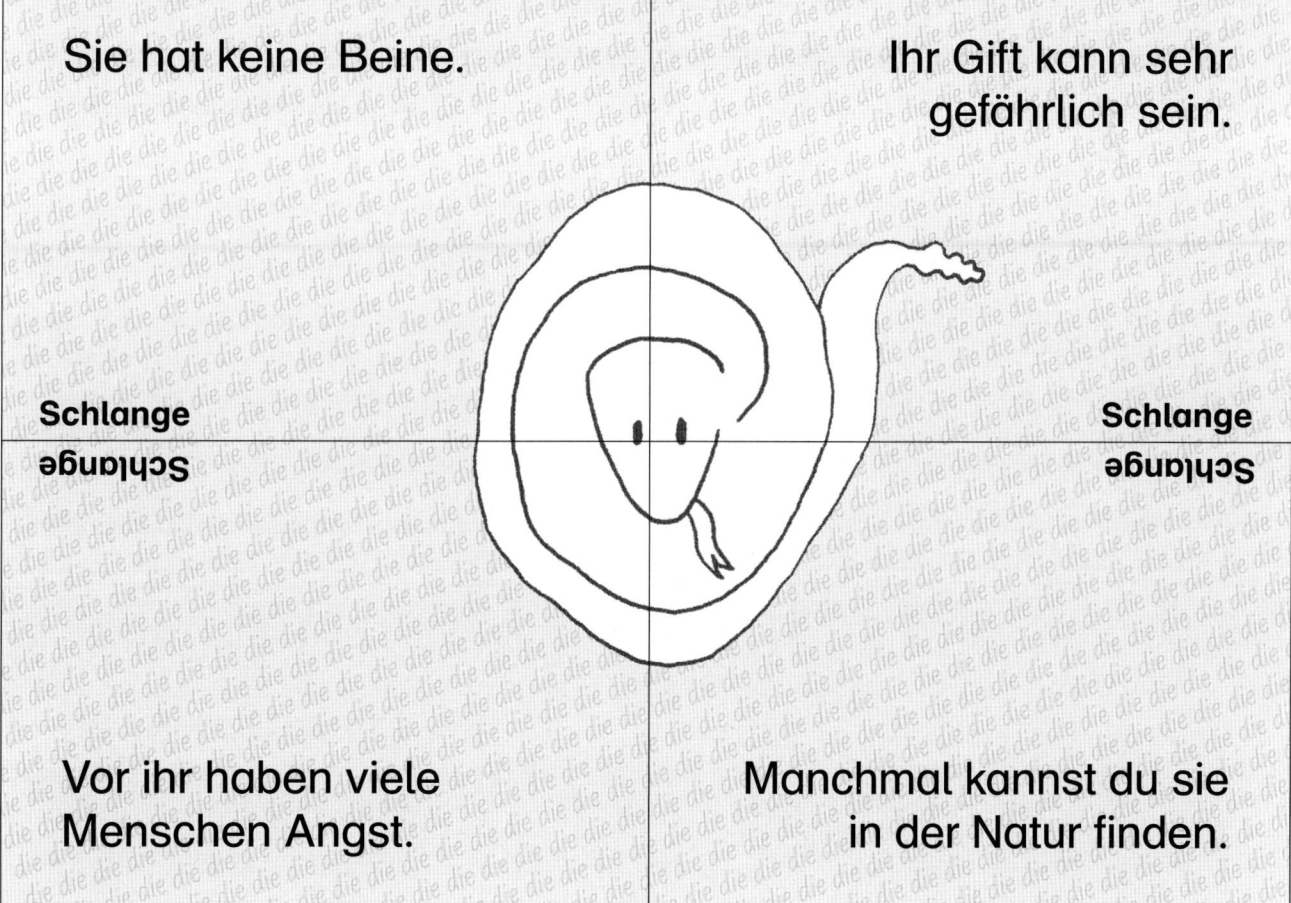

Zum Trinken muss sie sich ziemlich verbiegen.

Ihre Leibspeise sind die obersten Blätter im Baum.

Giraffe

Giraffe

Ihr muss man bei Halsschmerzen einen sehr langen Schal stricken.

Sie erkennst du an ihrem gemusterten Fell.

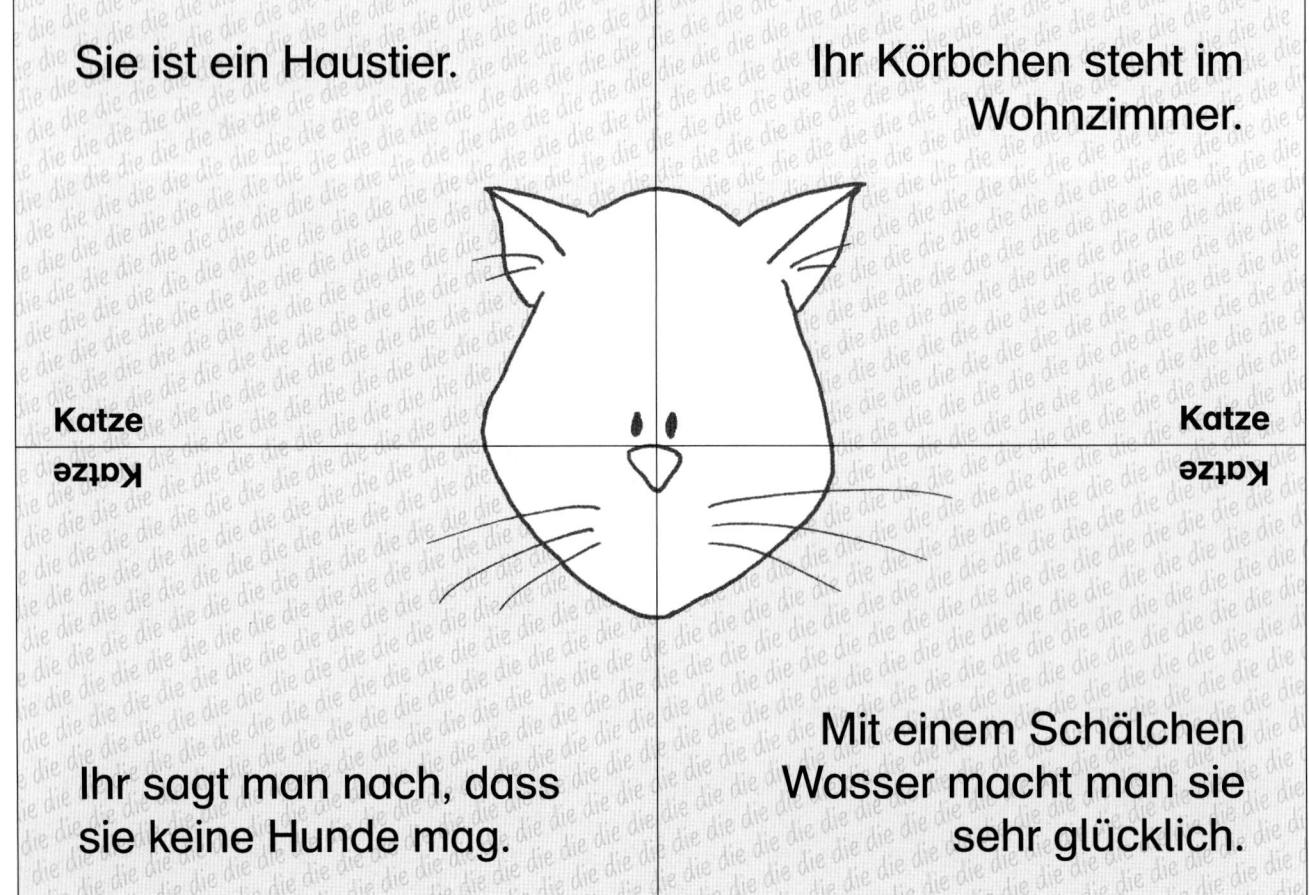

Sie ist ein Haustier.

Ihr Körbchen steht im Wohnzimmer.

Katze

Katze

Ihr sagt man nach, dass sie keine Hunde mag.

Mit einem Schälchen Wasser macht man sie sehr glücklich.

Gertraud Heisler/Denise Müller: Grammatik zum Anfassen – Die vier Fälle
© Auer Verlag – AAP Lehrerfachverlage GmbH, Donauwörth

Es hat ein weiches Fell.

Sein Fell wird zu Wolle verarbeitet.

Schaf **Schaf**

Schaf **Schaf**

Ihm verdanken wir warme Pullover.

Der Hütehund passt gut auf es auf.

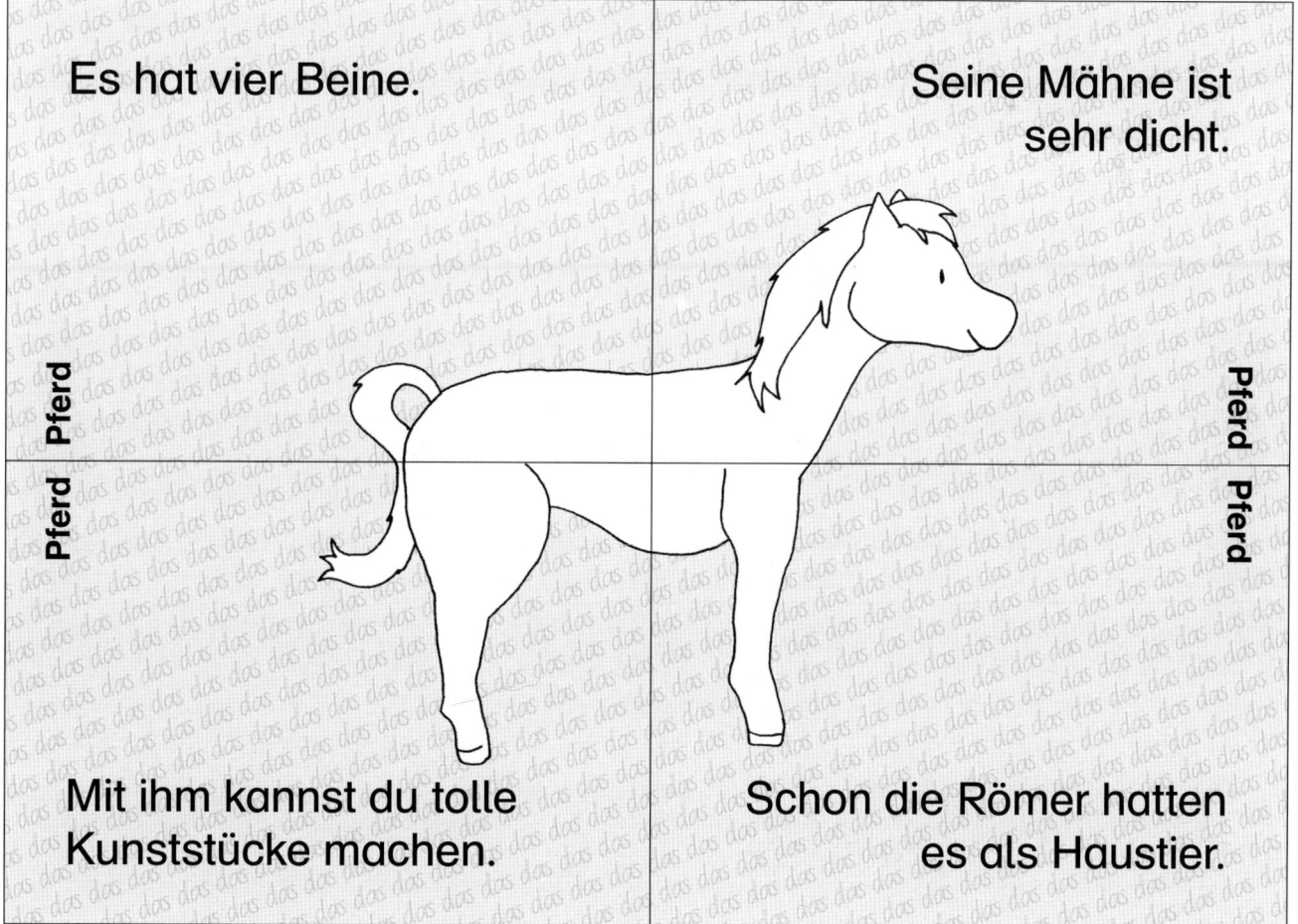

Es hat vier Beine.

Seine Mähne ist sehr dicht.

Pferd **Pferd**

Pferd **Pferd**

Mit ihm kannst du tolle Kunststücke machen.

Schon die Römer hatten es als Haustier.

Gertraud Heisler/Denise Müller: Grammatik zum Anfassen – Die vier Fälle
© Auer Verlag – AAP Lehrerfachverlage GmbH, Donauwörth

Es lebt bei uns nur im Zoo.

Sein Fell ist gestreift.

Zebra Zebra

Zebra Zebra

Ihm gehören zwei gestreifte Ohren.

Man kann es leicht mit einem Pferd verwechseln.

Es trägt seine Hörner auf der Nase.

Seine Haut ist sehr dick.

Nashorn Nashorn

Nashorn Nashorn

Ihm solltest du mit Vorsicht begegnen.

Viele Kinder bewundern es im Zoo.

Gertraud Heister/Denise Müller: Grammatik zum Anfassen – Die vier Fälle
© Auer Verlag – AAP Lehrerfachverlage GmbH, Donauwörth

Es läuft durch die Wüste.

Seine Augen blicken sanft.

Kamel Kamel

Kamel **Kamel**

Ihm kann man Lasten aufladen.

Manche nennen es „Wüstenschiff".

Es hat eine sehr gute Nase.

Seine Babys sind kleine Ferkel.

Schwein Schwein

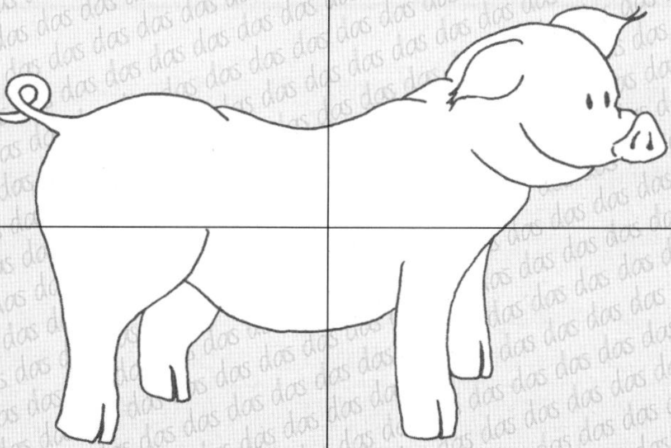

Schwein **Schwein**

Ihm gefällt Schlamm.

Du erkennst es an seinem gekringelten Schwänzchen.

Gertraud Heister/Denise Müller: Grammatik zum Anfassen – Die vier Fälle
© Auer Verlag – AAP Lehrerfachverlage GmbH, Donauwörth

Hühnerhof-Domino

(für 2 bis 4 Spieler)

Anleitung:

Alle Kärtchen liegen gestapelt und verdeckt in der Tischmitte.

Der erste Spieler deckt ein Kärtchen auf.

Der nächste Spieler zieht ein Kärtchen und versucht dies an einem der beiden Enden der Schlange anzulegen. Legt er ein Nomen an, muss er einen passenden Satz bilden. Legt er ein Bild mit „Fall" an, muss er eine passende Frage stellen.

Gelingt ihm dies, ist der nächste Spieler an der Reihe. Kann er nicht anlegen, muss er so lange ziehen, bis er anlegen kann. Passen nun bereits gezogene Kärtchen, dürfen diese auch angelegt werden. Besitzt ein Spieler schon Karten, darf er anstatt zu ziehen auch anlegen. Gibt es keine Kärtchen mehr zu ziehen, gewinnt derjenige, der zuerst alle seine Kärtchen angelegt hat.

Vorsicht: Für jede Karte, die du ablegen möchtest, musst du eine passende Frage stellen oder einen Satz bilden. Den Eier-Joker darfst du überall auch ohne Frage anlegen.

Beispiel:

Karte 1   Karte 2

die Hähne	1. Fall 🐥		das Küken	4. Fall 🐔

Karte 1 liegt: *„Das Küken schlüpft aus dem Ei."* ⇒ Karte 2 darf angelegt werden.

Karte 2 liegt: *„Wer schlüpft aus dem Ei?"* ⇒ Karte 1 darf angelegt werden.

Tipp: Falls ihr euch unsicher seid, schaut in der Tabelle nach!

Kontrolle	🐔	🐔🐔	🐔	🐔🐔	🐥	🐥🐥
1. Fall	der Hahn	die Hähne	das Huhn	die Hühner	das Küken	die Küken
2. Fall	des Hahns	der Hähne	des Huhns	der Hühner	des Kükens	der Küken
3. Fall	dem Hahn	den Hähnen	dem Huhn	den Hühnern	dem Küken	den Küken
4. Fall	den Hahn	die Hähne	das Huhn	die Hühner	das Küken	die Küken

Gertraud Heisler/Denise Müller: Grammatik zum Anfassen – Die vier Fälle
© Auer Verlag – AAP Lehrerfachverlage GmbH, Donauwörth

Hühnerhof-Domino: Dominokarten

die Hähne	1. Fall	das Küken	4. Fall
das Huhn	2. Fall	der Hühner	3. Fall
dem Hahn	3. Fall	den Küken	1. Fall
das Huhn	4. Fall	die Küken	4. Fall
den Hahn	2. Fall	des Kükens	2. Fall
	3. Fall	dem Huhn	3. Fall
den Hähnen	4. Fall	das Küken	4. Fall
die Hühner	2. Fall	der Hähne	2. Fall
des Hahns		des Huhns	1. Fall
	3. Fall	dem Küken	3. Fall
den Hühnern	1. Fall	die Küken	4. Fall
die Hähne	1. Fall	die Hühner	2. Fall
der Küken	1. Fall	der Hahn	

Tierchen-Lotto
(für 2 Spieler oder Gruppen)

Anleitung:

Jeder Mitspieler (jede Gruppe) erhält einen Spielplan.

Die Satz- oder Wortkarten werden gemischt und verdeckt auf den Tisch gelegt.

Die Spieler decken nun nacheinander je eine Karte auf und versuchen, sie in ihrem Spielplan unterzubringen.

Karten, die nicht auf den eigenen Spielplan passen, werden wieder unter den Stapel gelegt.

〉 Satzkarten:

Versuche, den Satz einem der Tiere auf deinem Spielplan zuzuordnen. Stelle die passende Frage, als Antwort muss das Tier genannt werden. Deine Mitspieler überprüfen deine Frage auf ihre Richtigkeit.

Achtung: Manchmal sind auch mehrere Lösungen möglich!

> Beispiel: *Du sollst mich nicht mit einem Pferd verwechseln.*
> Frage: *„Wen soll ich nicht mit einem Pferd verwechseln?"*
> Antwort: *„Das Zebra."* ⇒ Die Karte wird in der „Wen?"-Spalte des Zebras abgelegt.

〉 Bildkarten (Joker):

Glückwunsch! Wenn du eine Tierkarte ziehst, darfst du die Karte auf ein <u>beliebiges Feld der entsprechenden Tierreihe</u> legen.

Ziehst du einen Joker, der in deinem Spielplan nicht vorkommt, kannst du ihn aufheben, um ihn mit deinen Mitspielern zu tauschen.

〉 Wortkarten:

Bilde zu einem Tier deines Spielplans einen Satz, in dem <u>dieses Wort vorkommt</u>.

Frage nach dem Tier mit „Wer oder was? Wessen? Wem? oder Wen oder was?".

Lege das Kärtchen im entsprechenden Feld ab.

Achtung: Hier gibt es viele Möglichkeiten!

> Beispiel 1: *Wasser*
> Frage: *„Der Seehund lebt im Wasser. – Wer lebt im <u>Wasser</u>?"*
> Antwort: *„Der Seehund."* ⇒ Die Karte wird in der „Wer?"-Spalte des Seehundes abgelegt.
> Beispiel 2: *Wasser*
> Frage: *„Der Katze geben wir Wasser zum Trinken. – Wem geben wir <u>Wasser</u> zum Trinken?"*
> Antwort: *„Der Katze."* ⇒ Die Karte wird in der „Wem?"-Spalte der Katze abgelegt.

Wertung:

Jede richtig abgelegte Karte ergibt einen Punkt.

Wer eine ganze Tierreihe vollständig hat, erhält einen Extrapunkt!

Gewinner ist, wer die meisten Punkte gesammelt hat.

Viel Spaß!

Gertraud Heisler/Denise Müller: Grammatik zum Anfassen – Die vier Fälle
© Auer Verlag – AAP Lehrerfachverlage GmbH, Donauwörth

Gertraud Heisler/Denise Müller: Grammatik zum Anfassen – Die vier Fälle
© Auer Verlag – AAP Lehrerfachverlage GmbH, Donauwörth

Tierchen-Lotto: Spielplan 1

	Wer?	Wessen?	Wem?	Wen?

Tierchen-Lotto: Spielplan 2

Wen?				
Wem?				
Wessen?				
Wer?				

Gertraud Heisler/Denise Müller: Grammatik zum Anfassen – Die vier Fälle
© Auer Verlag – AAP Lehrerfachverlage GmbH, Donauwörth

Gertraud Heisler/Denise Müller: Grammatik zum Anfassen – Die vier Fälle
© Auer Verlag – AAP Lehrerfachverlage GmbH, Donauwörth

Tierchen-Lotto: Satz- und Bildkarten 1

Wer?	Wessen?	Wem?	Wen?	Joker
Ich laufe schnell.	Meine Schnurrbart-haare sind lang.	Mit mir kann man gut schmusen.	Mich jagt der Hund.	
Ich lebe im Wasser.	Mein Fell ist wasserdicht.	Man kann mir tolle Kunststücke bei-bringen.	Die Menschen finden mich so süß.	
Ich stehe auf der Weide.	Mein Fell ist lockig.	Man sagt mir Dummheit nach.	Mein Hirte verlässt mich nicht.	
Ich habe einen langen Bart.	Meine Hörner sind spitz.	Im Zoo schauen mir die Kinder beim Klettern zu.	Meine Tierkollegen meckern mich immer an.	

Tierchen-Lotto: Satz- und Bildkarten 2

Wer?	Wessen?	Wem?	Wen?	Joker
Ich habe große Ohren.	Meine Nase ist ganz lang.	Auf mir können Menschen reiten.	Die Leute halten mich für nachtragend.	
Ich sehe den Menschen sehr ähnlich.	Die Leute lachen über meine Späße.	Mein Pfleger gibt mir manchmal leckere Bananen.	Als Spielzeug begeistern mich lange Seile zum Schwingen.	
Ich habe ein gemustertes Fell.	Meine Haare am Kopf heißen Mähne.	Mir gefallen schwarze Streifen.	Du sollst mich nicht mit einem Pferd verwechseln.	
Ich belle laut im Garten.	Mein Ball ist bunt.	Man kann mir gut Stöckchen zuwerfen.	Mich füttern die Menschen mit Fleisch.	

Gertraud Heisler/Denise Müller: Grammatik zum Anfassen – Die vier Fälle
© Auer Verlag – AAP Lehrerfachverlage GmbH, Donauwörth

Tierchen-Lotto: Wortkarten

Gertraud Heisler/Denise Müller: Grammatik zum Anfassen – Die vier Fälle
© Auer Verlag – AAP Lehrerfachverlage GmbH, Donauwörth

Banane	Wasser	Gras	Äste	Fell
Ohren	Zähne	Pfoten	Schwanz	Schnauze
Leine	Korb	Decke	Eimer	Ball
Milch	Kunststücke	Wolle	Zoo	Hufe

9. Lösungen

Kopiervorlage Satzstreifen – Namenwort am Satzanfang (Lösung)

| *Wer?* Samuel | freut sich | auf | *Wen oder was?* die Geschenke | und | *Wen oder was?* die Geburtstagstorte. |

| *Wer?* Lara | bastelt | mit | *Wem?* ihrer Oma | wunderschöne | *Wen oder was?* Weihnachtssterne. |

| *Wer?* Der Lehrer | vergaß | gestern | *Wen oder was?* seine Brille | bei | *Wem?* Frau Müller. |

| *Wer?* Unsere Tante | isst | gerne | *Wen oder was?* Schweinebraten | mit | *Wem?* Sauerkraut. |

| *Wer?* Mein Opa | mag | *Wen oder was?* meine Oma | am liebsten. |

| *Wer oder was?* Mein Schulranzen | gefällt | *Wem?* Klaus | besser als | *Wessen?* Lisas. |

| *Wer oder was?* Das Buch | *Wessen?* meiner Lehrerin | enthält | *Wen oder was?* viele Bilder | und | *Wen oder was?* Geschichten. |

Kopiervorlage Satzstreifen – Namenwort nicht am Satzanfang (Lösung)

| Nachts | liest | *Wer?* Florian | heimlich | *Wen oder was?* ein Buch. |

| Auf | seinem Bauernhof | hält | *Wer?* mein Onkel | *Wen oder was?* Kühe und Schweine. |

| Morgen | feiert | *Wer?* Sophie | *Wen oder was?* ihren Geburtstag. |

| Mit | dem Schlitten | kommt | *Wer?* der Weihnachtsmann | auf | *Wen oder was?* die Erde. |

| *Wem?* Ihrer Omi | schreibt | *Wer?* Anna | *Wen oder was?* eine Weihnachtskarte | mit | *Wem?* einem Rentier. |

| Manchmal | gibt | *Wer?* Frau Meier | *Wem?* den Kindern | *Wen oder was?* Schokolade. |

| Nach | *Wem?* der Schule | ruft | *Wer?* Simon | *Wen oder was?* Vincent | mit | *Wem?* dem Handy | an. |

Gertraud Heisler/Denise Müller: Grammatik zum Anfassen – Die vier Fälle
© Auer Verlag – AAP Lehrerfachverlage GmbH, Donauwörth

Kopiervorlage Satzstreifen – Verwendung von Pronomen (Lösung)

Wer? Er	spielt	nachmittags	mit	*Wem?* den Jungen	*Wen oder was?* Fußball.

Wer? Ich	hüpfe	mit	*Wem?* meinen Freunden	auf	*Wem?* dem Trampolin.

Wer? Du	wirfst	doch	sicher	*Wen oder was?* keine Schneebälle	auf	*Wen oder was?* andere Kinder!

Mit	*Wem?* diesem Füller	bekommst	*Wer?* du	blaue	*Wen oder was?* Finger.

Wen oder was? Die Vögel	hörte	*Wer?* sie	morgens	singen.

Bei	*Wem?* Sonnenschein	darf	*Wer?* ich	mit	*Wem?* meinen Freunden	toben.

Oft	denke	*Wer?* ich	an	*Wessen?* Carolins	*Wen oder was?* Bruder.

Kopiervorlage Satzstreifen – Der Nominativ in der Mehrzahl (Plural)

Wer? Die Großeltern	besuchen	*Wen oder was?* mich	und	*Wen oder was?* meine Schwester	häufig.

Bei	*Wer?* Bauer Huber	fressen	*Wer?* die Kühe	nur	gesundes	*Wen oder was?* Bioheu.

Mit	*Wem?* ihren Schlitten	rasen	*Wer?* die Kinder	*Wen oder was?* den Hang	hinunter.

Wer? Wir	lachen	über	*Wessen?* Leons	*Wen oder was?* Witze.

Wer? Sie	gehen	heute	mit	*Wem?* den Nachbarn und Freunden	*Wen oder was?* Eis	essen.

Mit	*Wem?* der Freundin	*Wessen?* unserer Lehrerin	lernten	*Wer?* wir	schöne	*Wen oder was?* Lieder.

Gestern	fuhren	*Wer?* sie	*Wem?* der Grenze	*Wessen?* Italiens	entgegen.

Seite 15

Ein Tag auf dem Bauernhof (Lösung)

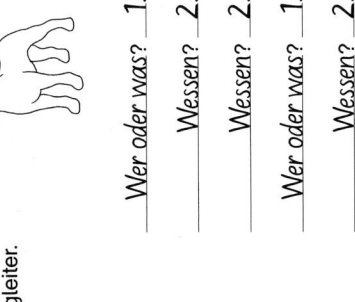

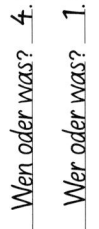

Luis

Netti

Karli

Alex

Dora

Erna

Lori

Benno

1. Schon morgens früh um sieben Uhr kräht Alex auf dem Mist. Von dem Geschrei werden Netti und Lori auf der Stange wach. Sie gackern ganz aufgeregt. Bald schon wird Luis das Futter bringen. Ganz besonders eifrig legt Lori noch schnell ein Ei. Doch, oh Schreck! Benno bellt wild! Das Ei ist genau auf seiner Hütte gelandet. Karli liegt faul in der Morgensonne und schnurrt. Auch Erna und Dora auf der Weide haben von dem Lärm nichts mitbekommen.

2. Schon morgens früh um sieben Uhr kräht der Hahn auf dem Mist. Von dem Geschrei werden die Hühner auf der Stange wach. Sie gackern ganz aufgeregt. Bald schon wird der Bauer das Futter bringen. Ganz besonders eifrig legt das Huhn noch schnell ein Ei. Doch, oh Schreck! Der Hund bellt wild! Das Ei ist genau auf seiner Hütte gelandet. Der Kater liegt faul in der Morgensonne und schnurrt. Auch die Kühe auf der Weide haben von dem Lärm nichts mitbekommen.

3. **Ein völlig verrückter Tag auf dem Bauernhof** (Lösungsbeispiel)
Schon morgens früh um sieben Uhr kräht der Bauer auf dem Mist. Von dem Geschrei werden die Kühe auf der Stange wach. Sie gackern ganz aufgeregt. Bald schon wird der Kater das Futter bringen. Ganz besonders eifrig legt der Hund noch schnell ein Ei. Doch, oh Schreck! Das Schaf bellt wild! Das Ei ist genau auf seiner Hütte gelandet. Der Hahn liegt faul in der Morgensonne und schnurrt. Auch die Hühner auf der Weide haben von dem Lärm nichts mitbekommen.

Seite 53

SCHaU gEnAU! Frage nach! (Lösung)

Unterstreiche in jedem Satz das Wort Hund mit Begleiter.
Frage nach ihm und notiere dein Fragewort.
Kennst du auch schon den entsprechenden Fall?

Der Hund heißt Struppi. — _Wer oder was?_ _1._ Fall

Die Hütte des Hundes ist leer. — _Wessen?_ _2._ Fall

Der Ball des Hundes liegt hinter der Hecke. — _Wessen?_ _2._ Fall

Der Hund rennt wild im Garten herum. — _Wer oder was?_ _1._ Fall

Die Leine des Hundes ist kaputt. — _Wessen?_ _2._ Fall

Dem Hund knurrt vom vielen Rennen schon der Magen. — _Wem?_ _3._ Fall

Der Mann bringt dem Hund Futter. — _Wem?_ _3._ Fall

Zuerst pfeift er dem Hund. — _Wem?_ _3._ Fall

Dann ruft er den Hund. — _Wen oder was?_ _4._ Fall

Endlich kommt der Hund angerannt! — _Wer oder was?_ _1._ Fall

Heute gibt es für den Hund leckeren Knochen mit Soße. — _Wen oder was?_ _4._ Fall

Was für ein Glück für den Hund! — _Wen oder was?_ _4._ Fall

Hier ist Platz für deine eigenen Hunde-Sätze:

Gertraud Heisler/Denise Müller: Grammatik zum Anfassen – Die vier Fälle
© Auer Verlag – AAP Lehrerfachverlage GmbH, Donauwörth

Gertraud Heisler/Denise Müller: Grammatik zum Anfassen – Die vier Fälle
© Auer Verlag – AAP Lehrerfachverlage GmbH, Donauwörth

Vater, Mutter, Kind gesucht (Lösung 1)

Unterstreiche in jedem Satz die Personen **Vater**, **Mutter** oder **Kind**.

Frage in einem ganzen Satz nach ihnen, unterstreiche das Fragewort und notiere den Fall, in dem sie stehen.

1. Das Kind läuft heute in die Schule.

   Wer oder was läuft heute in die Schule? _____ 1. Fall

2. Das Auto des Vaters ist diese Woche in der Werkstatt.

   Wessen Auto ist diese Woche in der Werkstatt? _____ 2. Fall

3. Die Mutter backt im Ofen einen leckeren Kuchen.

   Wer oder was backt im Ofen einen leckeren Kuchen? _____ 1. Fall

4. Ein Kollege hat den Vater mit der Familie zum Essen eingeladen.

   Wen oder was hat ein Kollege mit der Familie zum Essen eingeladen? _____ 4. Fall

5. Am Telefon erklärt ein Freund dem Kind die Hausaufgaben.

   Wem erklärt ein Freund am Telefon die Hausaufgaben? _____ 3. Fall

6. Die Mutter lädt ihre Nachbarinnen am Sonntag zum Kaffeeklatsch ein.

   Wer oder was lädt ihre Nachbarinnen am Sonntag zum Kaffeeklatsch ein? _____ 1. Fall

7. Die Großmutter lädt die Mutter am Mittwoch ein.

   Wen oder was lädt die Großmutter am Mittwoch ein? _____ 4. Fall

8. Die Oma des Kindes ist schon 87 Jahre alt.

   Wessen Oma ist schon 87 Jahre alt? _____ 2. Fall

9. Sie kocht gerne gesundes Gemüse für das Kind.

   Für wen oder was kocht sie gerne gesundes Gemüse? _____ 4. Fall

10. Die Mutter kocht dem Kind oft Nudeln mit Soße.

    Wer oder was kocht wem oft Nudeln mit Soße? _____ 1./3. Fall

Vater, Mutter, Kind gesucht (Lösung 2)

11. Das Kind isst alles sehr gerne.

    Wer oder was isst alles sehr gerne? _____ 1. Fall

12. Der Bruder des Vaters heißt Rudi.

    Wessen Bruder heißt Rudi? _____ 2. Fall

13. Onkel Rudi ruft den Vater meistens im Büro an.

    Wen oder was ruft Onkel Rudi meistens im Büro an? _____ 4. Fall

14. Die Schwester der Mutter ist Tante Josefine.

    Wessen Schwester ist Tante Josefine? _____ 2. Fall

15. Josefine mag das Kind sehr.

    Wen oder was mag Josefine sehr? _____ 4. Fall

16. Deshalb geht die Tante mit dem Kind manchmal ins Kino.

    Mit wem geht die Tante deshalb manchmal ins Kino? _____ 3. Fall

17. Oft kommt auch die Cousine des Kindes, Sabrina, mit.

    Wessen Cousine kommt manchmal auch mit? _____ 2. Fall

18. Das gefällt dem Kind immer sehr.

    Wem gefällt das immer sehr? _____ 3. Fall

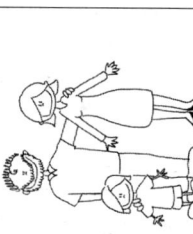

Zusatzaufgabe:

In vielen Sätzen sind weitere Namenwörter in den vier Fällen versteckt. Wenn du sie findest, schreibe sie so in deinem Heft auf:

In Satz 2: das Auto ⇒ Wer oder was? ⇒ 1. Fall

Vater, Mutter, Kind gesucht (2b)

Zusatzaufgabe:

In vielen Sätzen sind weitere Namenwörter in den vier Fällen versteckt.

Wenn du sie findest, schreibe sie so in deinem Heft auf:

(Vorsicht: Nicht alle Namenwörter lassen sich mit dem Kenntnisstand der Kinder hier sinnvoll bestimmen. Dies ist eine (unvollständige) Aufstellung mit den Namenwörtern, die für die Schüler zu bestimmen sind. Um die Kinder nicht zu verwirren, ist es sicher legitim, ihnen zu raten, hier nicht aufgeführte Nomen beim Bestimmen der Fälle wegzulassen.)

Beispiel: Satz 1: In wen oder was (Wohin) läuft das Kind? In die Schule.

In Satz 2:	das Auto	⇨ Wer oder was?	1. Fall
In Satz 3:	einen Kuchen	⇨ Wen oder was?	4. Fall
In Satz 4:	ein Kollege	⇨ Wer oder was?	1. Fall
	mit der Familie	⇨ Mit wem?	3. Fall
In Satz 5:	ein Freund	⇨ Wer oder was?	1. Fall
	die Hausaufgaben	⇨ Wen oder was?	4. Fall
In Satz 6:	ihre Nachbarinnen	⇨ Wen oder was?	4. Fall
In Satz 7:	die Großmutter	⇨ Wer oder was?	1. Fall
In Satz 8:	die Oma	⇨ Wer oder was?	1. Fall
In Satz 9:	das Gemüse	⇨ Wen oder was?	4. Fall
	sie (Pronomen)	⇨ Wer oder was?	1. Fall
In Satz 10:	Nudeln	⇨ Wen oder was?	4. Fall
In Satz 11:	–		
In Satz 12:	der Bruder	⇨ Wer oder was?	1. Fall
In Satz 13:	Onkel Rudi	⇨ Wer oder was?	1. Fall
In Satz 14:	die Schwester	⇨ Wer oder was?	1. Fall
In Satz 15:	Josefine	⇨ Wer oder was?	1. Fall
In Satz 16:	die Tante	⇨ Wer oder was?	1. Fall
In Satz 17:	die Cousine	⇨ Wer oder was?	1. Fall
	Sabrina	⇨ Wer oder was?	1. Fall
In Satz 18:	–		

Sätze bilden mit den vier Fällen

Bilde aus den Wörtern sinnvolle Sätze. Manchmal musst du dabei die Namenwörter verändern und Begleiter ergänzen. Überlege, in welchem Fall nun die Namenwörter stehen. Schreibe die Antwort unter die Wörter.

Beispiel: Oma Manuel kann toll stricken

Manuels Oma kann toll stricken.
2. Fall   1. Fall

1. Pullover Socken Schals strickt und sie
   Sie strickt Pullover, Socken und Schals.
   1. Fall   4. Fall   4. Fall

2. Schon lange Schal Manuel Farben Fußballverein wünscht sich in seines
   Manuel wünscht sich schon lange einen Schal in den Farben seines Fußballvereins.
   1. Fall   4. Fall   2. Fall

3. Oma Wolle schon hat auch gekauft
   Oma hat auch schon die Wolle gekauft.
   1. Fall   4. Fall

4. Doch rot fehlt Knäuel Wolle
   Doch das rote Knäuel Wolle fehlt.
   1. Fall

5. Oma Manuel Tasche Tisch und und in auf suchen
   Oma und Manuel suchen in der Tasche und auf dem Tisch.
   1. Fall   3. Fall   3. Fall

6. Vielleicht Wolle Klara Manuel Schwester hat genommen
   Vielleicht hat Manuels Schwester Klara die Wolle genommen?
   2. Fall   1. Fall   4. Fall

7. Da Sofa Katze Wolle Manuel sieht spielen seine unterm mit
   Da sieht Manuel seine Katze unterm Sofa mit der Wolle spielen.
   1. Fall   4. Fall   3. Fall   3. Fall

Gertraud Heisler/Denise Müller: Grammatik zum Anfassen – Die vier Fälle
© Auer Verlag – AAP Lehrerfachverlage GmbH, Donauwörth